Die Kraft ohne Grenze

Stuart Wilde

Die Kraft ohne Grenze

UNDINE

Aus dem Amerikanischen von
Birgit Grundies und Ludwika Müller

Die Deutsche Bibliothek – CIP-Einheitsaufnahme
Wilde, Stuart:
Die Kraft ohne Grenze / Stuart Wilde.
[Aus dem Amerikan. von Birgit Grundies und Ludwika Müller].
– 5. Aufl. – Basel : Sphinx-Verl., 1994
(Reihe Undine)
ISBN 3-85914-518-5

5. Auflage 1994
Die Reihe Undine erscheint im Sphinx Verlag

Originaltitel: The Force
Erschienen bei White Dove International, Taos, New Mexico, USA

Umschlaggestaltung: Sabine Schmidt
Umschlagillustration: Rob Wood
Herstellung: F. X. Stückle, Ettenheim
Printed in Germany
ISBN 3-85914-518-5

Inhalt

1
Wiedergeburt, Innere Führer
und das Höhere Selbst
–9–

2
Das Verstehen der Urkraft
–29–

3
Wie ein Kommunikationsfluß mit der
Urkraft entwickelt werden kann
–43–

4
Die vier Disziplinen der Eingeweihten
–49–

5
Die Liebe der Urkraft schenkt Freiheit
–75–

6
Das höchste erreichbare Ziel Ihres Lebens
–91–

»Sieben Jahre lang experimentierte ich Nacht für Nacht und erschloß mir dabei die inneren Welten, während ich kreuz und quer durch die physische Welt reiste und hier solide Erfahrungen machte.

Schon Jahre vorher bei meinen esoterischen Studien begegnete ich den Werken des großen schwedischen Mystikers Emanuel Swedenborg. Über einen Zeitraum von siebzehn Jahren hatte er die Fähigkeit entwickelt, das elektro-magnetische Gitter zu durchdringen, das die menschliche Existenz an die Erde bindet. Er beschrieb die Dimensionen der Engel und Himmel und Hölle, und aus seiner komplexen Sprache konnte man entnehmen, daß er wirklich die Geheimnisse des Lebens kannte. Immer wieder las ich seine Bücher und folgte ihm auf den Wegen, die er entdeckt hatte. Und ich brach durch und sah das ›Licht‹.«

Im Laufe der Jahre habe ich eine alternative Philosophie entwickelt, die ich SWAP nenne – Stuart Wilde's Alternative Philosophie. Sie ist gegründet auf meinen Erfahrungen im Licht und ist durch meine Kenntnisse der Welt, in der wir leben, abgestützt.

Im Grunde war Leben nie als Kampf gedacht, aber alles ist darauf zugeschnitten, uns zu beherrschen und zu begrenzen. Das Licht (das Wahrheit ist) ist für uns nicht sichtbar, daher schaffen wir Gesetze und Regeln – teils im Bemühen, Angst zu bewältigen – teils in der Hoffnung, daß es uns irgendwie gelingt, das Licht in unser Leben zu locken. Auf diese Weise engen wir uns ungeheuer ein, denn das Licht kennt nicht Tun und Nicht-Tun – seine Wertigkeit ist absolute Vergebung grenzenloses Mitgefühl, unendliche Geduld und Liebe. Es drückt diese Liebe für uns aus, indem es uns die

Freiheit schenkt, solange so beschränkt zu sein und zu handeln wie wir wollen.

Wenn wir einmal die Kraft des Lichts erkennen, schaffen wir für uns eine vollkommen veränderte Entwicklung, die dann der physischen Ebene die Kraft entnehmen wird, mit deren Hilfe wir unser Schicksal lenken können.«

Stuart Wilde

1

Wiedergeburt, Innere Führer und das Höhere Selbst

Mit Ihrer Geburt betrat Ihr Geist, Ihr *wirkliches* Ich, diese Erde für kurze Zeit zu einer besonderen Art von Ausbildung. Es wählte diese Erfahrung als Teil eines höheren spirituellen Ziels, denn es wußte, es gibt keinen Weg zu diesem Ziel, ohne zuerst die körperliche Existenz zu erleben. Vor Beginn dieses Lebens kannten Sie dieses geistige Ziel, und Sie konnten (auf einer höheren Ebene) die allgemeinen Umstände Ihres kommenden Lebens überschauen: den Körper, den Ihre geistige Energie bewohnen würde, die Eltern, die Ihnen bei Ihrer Entwicklung helfen und den Teil der Erde, in dem Sie leben würden; Ihre zwischenmenschlichen Beziehungen; Ihre karmischen Verhaftungen und die Entwicklung der Erde zum Zeitpunkt Ihrer Ankunft. Sie und Ihre geistige Form bedachten all das, und sie traf ihre Wahl bewußt.

Um diese Begriffe besser verstehen zu können, lassen Sie uns über Ihr *wirkliches Ich*, dieses geistige Wesen, das es schon vor Ihrer gegenwärtigen Existenz auf dieser Erde gab, sprechen. Da es in unserer Sprache keine Worte gibt, diese Energie zu beschreiben, werden wir sie *Höheres Selbst* nennen. Obwohl dieser Begriff irreführend sein kann, denn Ihre wirkliche geistige Energie ist nicht höher als Sie, sie ist nichts anderes als Sie selbst. Lassen Sie uns diesen Begriff der Einfachheit halber akzeptieren, um nun fortfahren zu können.

Ihr *Höheres Selbst* ist ein gebündelter Energiekörper, gewaltig und zeitlos. Es ist alles, was Sie jemals waren bis zurück an den Rand der Unendlichkeit. In ihm findet sich alles Wissen, das Sie jemals brauchen werden, und mit ihm erlangen Sie ein umfassendes Verständnis von Ihnen selbst und der physischen Ebene als auch von den unsichtbaren Dimensionen, die zum Greifen nahe sind. Ihr *Höheres Selbst* wird von einer ursächlichen Energie aufrechterhalten, die noch größer ist als es selbst. Diese erhaltende Energie werden wir *Lebendiger Geist* oder *Urkraft* nennen.

Die Urkraft ist, wie das *Höhere Selbst*, eine Energie, die Entwicklung erfährt. Sie ist gewaltig, belebend, voll Großmut über alle Vorstellung hinaus. Sie mögen sie Gott nennen. Sie ist nicht statisch, wie manche uns weismachen wollen, sie wächst, ist dynamisch und hat den inneren Drang oder Wunsch, immer mehr sie selbst, also umfassender zu werden. Um das zu erreichen, teilt sie sich immer weiter auf, in immer mehr und mehr getrennte Teile und Begriffe. Sie tut das, weil sie weiß, daß durch Teilen und Abgeben ihre Kraft wächst, und mit mehr Kraft wird sie weiterwachsen.

Die Urkraft ist ein Teil von allem und jedem in der physischen Existenz. Das gilt für unseren Planeten, die Sterne, die Galaxien und das physische Universum, wie es sich über unsere Vorstellungsmöglichkeiten hinaus in den Raum ausdehnt. Zur Natur der Urkraft gehört ihre Unvergänglichkeit und Endlosigkeit, und weil sie in allen Dingen das innere Licht und das »Lebendige« ist, nennen wir sie *allumfassend*. Je mehr Lebenskraft etwas ausdrückt, desto komplizierter oder größer ist das Ausmaß der Urkraft darin. Deshalb bringt ein kleiner Vogel mehr Urkraft zum Ausdruck als ein Stein und ein Mensch mehr als ein Vogel. Aber alles trägt die Urkraft in sich, und das ist der Schlüssel für das Verstehen der Eigenart aller Dinge.

Auch die spirituelle Energie Ihres *Höheren Selbst* hat die Urkraft in sich, und auch sie will wachsen. Die Existenz Ihres *Höheren Selbst* begann, indem es aus der Urkraft heraus zum selbständigen Individuum wurde, und es erkannte, daß, wie für die Urkraft, ein Aufteilen in immer mehr Erfahrungen, Entwicklung bedeutet. Zu den bereits gemachten Erfahrungen gehören Ihre vergangenen Leben. Aber schon bevor es in Ihren menschlichen Körper eintrat, machte Ihr *Höheres Selbst* verschiedene Erfahrungen, die halfen, sich der Schwingung der physischen Existenz anzupassen. Bis zu diesem Zeitpunkt hat es vielleicht schon zwanzigtausend oder mehr Erfahrungen gemacht, Erfahrungen als Energie und Licht, als Elektrizität und Klang, als niedrigere Formen der Existenz, die es ihm erlaubten, sich allmählich dem Dasein auf der Erde anzupassen. Das *Höhere Selbst* wird nicht in einer hochentwikkelten Form in die Examensklasse »Erfahrung im Körper« kommen, es muß – wie im Kindergarten – zuerst andere Energieerfahrungen sammeln. Es ist interessant, sich vorzustellen, daß in allen Dingen eine geistige Entwicklung stattfindet, daß im Geräusch eines Kiesels, der über die Klippe rollt, in jeder Blume zahllose Dimensionen der Entwicklung enthalten sind. Überall ist ein *Höheres Selbst* anwesend, das experimentiert und übt, vielleicht mit der Bestimmung, eines Tages Mensch zu werden.

Vor sechshundert Leben machte Ihr *Höheres Selbst* seine Erfahrungen vielleicht als Kuh und lernte so, Stück für Stück seine Energie an die körperliche Existenz anzupassen. Mit dem Lernen wurde es mutiger. Schließlich fühlte es sich bereit, menschliche Form anzunehmen. Und das tat es dann – weil Menschsein die höchste Ausdrucksform der Urkraft auf der Erde ist, und so war dies für Ihr *Höheres Selbst* ein natürlicher weiterer Schritt.

Seine erste Lebenszeit als Mensch brachte es allerdings nicht in einer Position mit großer Verantwortung zu, etwa im Vorstand eines multinationalen Konzerns. Es war etwas Einfaches: Das Leben in einer ländlichen Sippe oder einer Lebenszeit, in der es eher am Rande stehen und die Ereignisse beobachten konnte. Offenbar sind mongoloide Kinder oder geistig Behinderte zwei Beispiele für *Höhere Selbst*, die die Ebene körperlicher Existenz zum ersten Mal betreten – ihr Leben ist oft kurz, meist umgibt sie eine Atmosphäre der Unterstützung und Liebe, und es wird wenig von ihnen erwartet.

Nach Beendigung des ersten Lebens geht der geistige Teil, der sich aus dem *Höheren Selbst* gelöst hatte und in Ihren Körper eingetreten war, zu seinem Ursprung zurück, und unterwegs überschaut es die gemachten Erfahrungen. Dieser Zeitraum oder diese Dimension zwischen der physischen Existenz und der Rückkehr Ihrer Energie in das *Höhere Selbst* wird auch als »geistige Welt« bezeichnet. Auch sie ist ein Teil der Erfahrung der Urkraft, und auch sie wächst und dehnt sich aus wie auch die einzelnen geistigen Energien, die sich in dieser Dimension befinden.

Die geistige Welt besteht aus Gedankenformen und aus Energie der Urkraft, die sie belebt. Die Gedankenmuster, die Sie in die geistige Welt projizieren, sind genau das, was Sie erfahren werden. Wenn Sie als Moslem sterben, werden sie Moscheen und Minaretts sehen, und die Geister, die um Sie sind, werden Moslems sein. Sie werden das Gefühl haben, daß die geistige Welt nur aus Moslems besteht. Wenn Sie in Ihrem Glauben dogmatisch sind, sehen Sie nur das, woran Sie glauben, und so macht es die geistige Welt auf liebenswürdige Art jedem recht.

Jene Welt ist so beschaffen, daß sich Ihre Gedanken und Gefühle in Ihrem Umfeld sofort vergrößert darstellen. Wenn Sie die Geistwelt im Zustand inneren Aufruhrs betreten, erfahren Sie deshalb eine gesteigerte Form dieses Gedankenmusters, und ein subjektiver Beobachter würde sagen, daß Sie in der Hölle sind. Umgekehrt, wenn Ihr Leben beim Verlassen Ihres physischen Körpers ausgeglichen ist, werden Sie eine geistige Welt voll Frieden, Harmonie und großer Schönheit betreten, und ein subjektiver Beobachter würde sagen, Sie sind im Himmel.

Es ist die Eigenart der Schwingung der geistigen Welt, die zu den Geschichten von Himmel und Hölle geführt hat, die in die Glaubensmuster vieler Religionen eingebettet wurden. Wenn Sie die geistige Welt betreten, dann sind Ihre äußeren Erfahrungen tatsächlich Manifestationen Ihres *inneren* Selbst, und dieses Verlagern nach außen wird in den heiligen Büchern als »Jüngstes Gericht« bezeichnet. Es ist nicht ein Urteil in dem Sinne, daß es so was wie recht oder unrecht wirklich gibt. Es ist ein Urteil, durch das Sie *sich selbst* erfahren, und so drängt es Sie automatisch in jenen Bereich der geistigen Welt, der gleichschwingend mit Ihren Energiemustern ist. Weil Sie nicht nur Ihre eigenen Gedanken und Gefühle wahrnehmen, sondern auch die Gedanken und Gefühle von anderen, sind diese wiederum in der Lage, Sie zu erkennen, wie Sie wirklich sind. Jedes Gefühl, das ein Teil Ihres *inneren* Selbst ist, offenbart sich Ihnen sofort, und es wird für Sie unbehaglich und zusammenhanglos sein, wenn Sie versuchen, sich in einem Teil der geistigen Welt aufzuhalten, die nicht Ihrer Energie entspricht.

Auf der Erde kommen die Gedanken und Gefühle sehr viel langsamer zu Ihnen zurück, und was die irdische Ebene zu einem so faszinierenden Übungsplatz macht, ist die Tatsache, daß Sie hier lernen, Energie und Reaktion auf Energie einzusetzen, ohne die Konsequenzen sofort erfahren zu müssen. Das gibt Ihnen Zeit zur Anpassung, bevor Sie höhere Ebenen der Existenz betreten, denn dort materialisieren sich Energiemuster schneller und sind somit schwieriger zu meistern.

Die Zeitverzögerung auf der physischen Ebene erzeugt die Illusion, daß die Ereignisse in Ihrem Leben von einer äußeren Macht bestimmt werden – sei es Gott oder Glück oder was immer – anstatt von Ihren eigenen Gedankenformen. Weil sich die Energie so langsam bewegt, scheint es, daß Sie Ihre Wirklichkeit nicht selbst erschaffen. Sie können eine Reihe von negativen Gedanken haben, die zwei Jahre brauchen, um sich in Ihrem Leben zu manifestieren, und Sie werden sagen: »Gott hat mir das angetan.« Aber wenn Sie einmal Ihre Energie anheben, erreichen Sie die geistige Anpassung an ein höheres Entwicklungsmuster, und Sie werden sehen, wie sich Gedanken und Gefühle fast sofort vor Ihren Augen manifestieren. Es ist, als ob Sie, obwohl Sie noch auf Erden sind, Glück und Heiterkeit einer anderen Dimension genießen. Und Sie verstehen: Sie sind das Wesen, das sich die Ereignisse erschafft, die

Sie erleben, und Ihr tägliches Leben ist eine Widerspiegelung dessen, was Sie in Wirklichkeit im Inneren sind.

Diese Widerspiegelung setzt sich in der geistigen Welt fort. Folglich ist Evolution nicht etwas im Leben vor dem Tod und etwas anderes nach dem Tod. Sie ist ewig. Je größer Ihr Ausdruck der Urkraft hier auf Erden ist, um so größer ist Ihre Erfahrung im Jenseits. Wenn Sie die geistige Welt betreten, wird Ihre Energie betont, und Sie werden eine Erweiterung Ihres inneren Selbst erfahren. Wenn das Gegenteil der Fall ist, wird Ihre Energie dazu neigen, weniger und niedriger zu werden, und deshalb wird die Hölle auch beschrieben als ein »Hinuntersteigen«, was sie natürlich auch ist, wenn Sie daran glauben. Tatsächlich ist die Hölle nur eine Dimension neben anderen, sie bewegt oder schwingt mit geringerer Vibration als jene Dimensionen, die mehr Urkraft ausdrücken.

Deshalb ist es wichtig, sich nicht allzusehr um das Leben nach dem Tod zu kümmern, sondern *vor* dem Tod einen starken Ausdruck der Urkraft zu schaffen. Das, was Sie jetzt sind, würden Sie in der geistigen Welt erleben, wenn Sie sie heute betreten würden. Viele Menschen treiben durchs Leben, als hätten sie alle Zeit dieser Welt, und in gewissem Sinn ist das auch so, aber das *Höhere Selbst* hatte große Mühe, sie hierher zu bekommen, und bei der kleinsten Unausgeglichenheit müßten sie sich vielleicht wieder trennen. Leben sollte als Gelegenheit zum Wachstum gesehen werden, ein unglaubliches Abenteuer, und niemand sollte jemals einen Tag vorübergehen lassen ohne den Versuch, seine oder ihre Wahrnehmungen und den persönlichen Ausdruck der Urkraft auszudehnen.

*

Nach Ihrem ersten Leben bewegte sich Ihre Energie weiter durch die geistige Welt und kam schließlich zu sich selbst zurück, wo sie sich in Ihrem *Höheren Selbst* niederließ. Nach einer Zeit der Rückschau schickte sich Ihr *Höheres Selbst* an, seine Evolution fortzusetzen. Eine innere Sehnsucht weiterzureisen gab den Anstoß zur Suche nach neuer Lebenserfahrung und dafür vorhandenen Möglichkeiten. Es wußte, welche Art von Leben es brauchte, wenn es seine Energieerfahrung weiterführen wollte, und zusammen mit anderen *Höheren Selbst* wartete es und hielt Ausschau nach einem Leben, das zu seiner Entfaltung und Entwicklung paßte.

Immer wenn zwei Menschen eine sexuelle Beziehung eingehen, werden die Energiemuster, die sie schaffen, in der Dimension des *Höheren Selbst* entschlüsselt. Diese Energiemuster sind einzigartig, ähnlich einem Fingerabdruck, und wenn das *Höhere Selbst* ein Muster wahrnimmt, das zu seiner Entwicklung paßt, dann tritt es vor und beansprucht dieses für sich. Es gibt immer ein *Höheres Selbst*, das besser zu diesem Muster paßt als ein anderes, obwohl es manchmal mehr als eines geben kann, das diesen bestimmten Körper annehmen könnte. Bei der Empfängnis von eineiigen Zwillingen können manchmal zwei *Höhere Selbst* gleichzeitig die Erde betreten, um ähnliche Erfahrungen zu machen. Aber normalerweise sind Zwillinge trotz körperlicher Ähnlichkeit sehr unterschiedliche Persönlichkeiten, weil sie zwei verschiedene *Höhere Selbst* haben und ihre Entwicklung verschieden verläuft.

Wenn Ihr *Höheres Selbst* (bei der Empfängnis durch die Eltern) einen passenden Körper wählt, überschaut es bis in alle Einzelheiten die Umstände der bevorstehenden Geburt. Es kann erkennen, welche körperlichen Schwächen sein zukünftiger Körper haben könnte, und akzeptiert das als Teil seiner karmischen Evolution, denn für das *Höhere Selbst* ist Krankheit keine negative Erfahrung; es ist ein Wachstumsmuster, an dem es Gefallen findet um des tieferen Verständnisses willen, das es bietet.

Ihr *Höheres Selbst* wählt eine Inkarnation nicht aufgrund von Bequemlichkeit oder materiellem Status. Es wählt ein Energiemuster, das ihm hilft, sein Bild zu vervollständigen. Geistige Entwicklung ist nicht gleich dem Erklettern einer Leiter; sie ist wie das Zusammensetzen eines Puzzles. Als Erfahrung wählen sie vielleicht das Leben eines Einsiedlers und als nächste – extravertierte – das einer Gruppe umherziehender Banditen. Obwohl ein solches Leben eine (subjektiv) negative Erfahrung sein kann, erlaubt es Ihrem *Höheren Selbst*, sich in einem kurzen Sturm nach außen auszudrücken nach einem Leben als Eremit.

Um Ihre Entwicklung auf Erden zu vollenden, müssen Sie sie in ihrer Totalität erleben. Krieg, Hunger und Krankheit sind alles Aspekte der karmischen Erfahrung. Nun fragen Sie sich vielleicht, warum das *Höhere Selbst* sich ein Umfeld von Schmerz und Leid wählt. Die Antwort lautet: Es ist wie das Schwimmen im Fluß, Sie können das andere Ufer nicht erreichen, ohne naß zu werden. Ihr *Höheres Selbst* kann nicht zu einem Verständnis für die Ausgewogenheit der physischen Welt kommen, ohne unter Kratzern und Schrammen oder Rohheit des irdischen Lebens gelitten zu haben. Das Physische ist eine unmittelbare Erfahrung, die ein sofortiges Wachstumsmuster im *Höheren Selbst* hervorruft. Es konfrontiert Sie in hohem Maße mit Negativität, es ist die Schule der »harten Fäuste«. Die Einsichten zeigen sich auf grobe Weise, und das erlaubt es dem *Höheren Selbst*, schnell zu wachsen. In der geistigen Welt ist das im allgemeinen nicht der Fall. Zeit existiert dort nicht, und jede evolutionäre Erkenntnis strömt allmählich von innen her.

Manche mögen sagen, die Erde ist ein rauher Ort, aber im jenseitigen Sinn ist sie das nicht, denn negative Erfahrungen verwandeln sich in positives Lernen, wenn Sie sie vom Standpunkt Ihrer Evolution aus betrachten. Deshalb ist es unmöglich, das, was andere erleben, als »gut« oder »schlecht« zu beurteilen – es ist keines von beiden. Ihr Leben ist Teil eines Musters, das Sie sich gewählt haben, bevor Sie hierher kamen, oder es sind Muster, die Sie inzwischen hier geschaffen haben, entweder durch Ihre innere Ausgewogenheit oder dem Mangel daran. Die Evolution ist vollkommen gerecht. Sie erleben genau das, was Ihr Inneres nach außen sendet. Deshalb gibt es keine Zufälle der Geburt, keine Tricks des Schicksals, kein Pech. Alles, was Sie um sich sehen, ist ein klarer Traum, den Sie für kurze Zeit durchleben, um Ihr Verstehen zu steigern. Was alles so aufregend macht, ist, daß Sie lernen können, diesen Traum zu Ihren Gunsten zu verändern, so daß Sie nur höchstmögliches Wachstum und Entwicklung erfahren.

Was auch immer Ihre Lebensumstände sind, das *Höhere Selbst* hat alles vorhergesehen, denn mit seinem kosmischen Weitblick konnte es nicht nur den Körper wahrnehmen, in den es eintreten würde, sondern auch die allgemeinen Umstände seines Lebens auf der Erde (jedenfalls für die ersten dreizehn Jahre). Es sah, welche Art von Beziehung Ihre Eltern haben würden, und wählte dieses seelische Gleichgewicht oder Ungleichgewicht, um sich durch sein karmisches Muster zu arbeiten. Es wußte auch, in welchem Land es leben würde, und zusammen mit den ökonomischen Gegebenheiten Ihrer Familie gehörte das zu seinem Evolutionsplan. All die verschiedenen Strukturen in Ihrem Leben, Ihre Heimat und Ihre Traditionen, die Einstellung Ihrer Familie, waren Teil Ihres eigenen umfassenden Verständnisses, und ganz gleich, wie schwierig das manchmal auch gewesen sein mag, all das war ein Element zur Entfaltung Ihres *Höheren Selbst*, das danach strebte, immer mehr von der Urkraft auszudrücken. Es wußte, auf was es sich einlassen würde, und akzeptierte es.

Es ist das geistige Ziel Ihres Lebens, jeden Lebensumstand, in dem Sie sich finden, zu erfahren und dann den Fuß auf die nächste Stufe zu setzen. Alles, was Sie als schwierig oder mühsam erleben, ist fast immer Ihre größte karmische Herausforderung. Es ist der Bereich, den Sie hinter sich lassen müssen, um Ihre Erfahrung auf der physischen Ebene zu vervollständigen. Und um das zu tun, müssen Sie da beginnen, wo immer Sie sich gerade befinden mit den Gegebenheiten, die Sie vorfinden. Es ist sinnlos, sich einen stärkeren Körper oder glücklichere Lebensumstände zu wünschen, denn sollten Sie etwas anderes brauchen, hätte Ihr *Höheres Selbst* das gewählt.

Durch Ihr Handeln mit dem, das Sie sind und was um Sie ist, und indem Sie dafür Verantwortung übernehmen, werden Sie über der Notwendigkeit stehen, die Herausforderung des Negativen zu erfahren. Haben Sie einmal die Tatsache akzeptiert, daß nicht Ihr »Schicksal« Ihr Leben bestimmt, sondern Sie selbst es tun, dann öffnet sich leise eine Tür in Ihnen, und ohne daß Sie es anfangs wahrnehmen, beginnt eine höhere Entwicklung.

Wenn das Negative nicht Teil des Lehrplans wäre, gäbe es für das *Höhere Selbst* keinen Grund zur Inkarnation, denn es gäbe keinen Lernprozeß.

Seit Jahrhunderten kämpfen Philosophen mit dem Begriff eines Gottes, der zwar gut ist, aber doch das Leiden der Menschen zuläßt. Dieser Widerspruch konnte nie zufriedenstellend erklärt werden. Gewöhnlich wird man Ihnen als lahme Antwort die »Vorsehung Gottes« anbieten, eine philosophische Umschreibung für »Ich weiß die Antwort nicht«.

In Wahrheit gehören Schmerz und Leid nicht zum göttlichen Plan. Sie sind Faktoren des groben Vibrationsfeldes der körperlichen Ebene. Die Urkraft ist daran nicht beteiligt, sie nimmt das Negative nicht einmal direkt wahr; wenn sie das täte, wäre sie selbst das Negative, und die Urkraft kann keine negative Energie sein. Stellen Sie sich das so vor: Sie sehen einen Film über das Leiden von Millionen Hungernden, und Sie können nachempfinden, was sie durchmachen. Jedoch ist es nicht Teil Ihres Schicksals in diesem Leben, im Elend zu sterben. Sie sind sich der Umstände dieser hungernden Menschen bewußt, denn Sie sehen das alles auf der Leinwand, aber das ganze Ereignis liegt außerhalb Ihres Einflußbereichs, und Sie können nichts dagegen tun, ohne sich in das Recht dieser Menschen auf ihre zur eigenen Evolution gewählten Erfahrung einzumischen. Das gleiche gilt für die Urkraft. Sie kann sehen und fühlen, was vor sich geht, aber sie ist nicht Teil dieses Musters. Sie ist eine Energie voll unbeschreiblicher Macht, die ihre Evolution außerhalb des Vibrationsspektrums der negativen Erfahrung vollzieht. Genau so ist es, wenn Sie sich diesen Film anschauen; Sie leben Ihr Leben entfernt vom Hungertod.

Durch das Aussenden Ihrer Energie und das Erfahren der Ergebnisse lernen Sie das Leben und seine Energiemuster verstehen. Im Verlauf einer Anzahl von Leben gleichen Sie das, was Sie sind, soweit aus, daß Sie endlich die wahre Natur Ihrer Suche begreifen und Ihnen Ihre Bestimmung als Hüter der Urkraft erkennbar wird. Wenn sich das ereignet, dann besteht kein weiterer Grund, auf diesem Planeten zu bleiben, und Sie werden spontan weiterschreiten: hin zu anderen Evolutionen und zu anderen Dimensionen des Seins.

Wenn Sie genau hinschauen, sehen Sie, daß die körperliche Ebene einen eingebauten Regelmechanismus hat: Wenn eine Lebenserfahrung extrem hart ist, wird der Körper verfallen, die Erfahrung ist schnell vorüber, die innere spirituelle Energie zieht sich ins *Höhere Selbst* zurück. Damit kann die physische Ebene die richtige Entwicklung und Ausgewogenheit aufrechterhalten. Die moderne Technik hält oft einen Geist, der schon auf dem Weg ist, in einem verfallenden Körper für Jahre zurück, obwohl er nach Befreiung und Rückkehr zu seinem wahren Selbst schreit. Auch das ist ein Teil des Lernprozesses.

Es gibt keine Abkürzung Ihrer Erfahrung auf der Erde. Sie werden alles durchleben müssen. Und metaphysisch gesehen können Sie nur etwas hinter sich lassen, indem Sie hindurchgehen. Ihr Leben baut auf einem Muster auf, und schließlich gibt dieses Muster Sie frei. Vielleicht haben Sie Leben in großer Armut verbracht, oder Ihr *Höheres Selbst* hat einen Körper mit physischen Behinderungen gewählt, oder Sie sind eingezwängt in soziale Strukturen oder in ein strenges religiöses Umfeld, wo ein Abweichen von der Norm unmöglich ist. All das benutzt ihr *Höheres Selbst*, um

Wachstum und Entwicklung zu erfahren. Es wählt Einschränkung, um eine schnelle Konzentration von Energie zu erreichen. Stellen Sie es sich wie eine Wolke vor, groß genug, um ein ganzes Feld zu bedecken. Plötzlich entscheidet sich die Wolke, in eine Dose zu schlüpfen, weit hinten, in der linken Ecke des Feldes. Hierzu muß sie ihre Energie konzentrieren und sich nun schneller bewegen. So wird mehr von der Urkraft ausgedrückt, und folglich würde diese wachsen. Das gleiche geschieht bei Ihnen. Je mehr Sie Ihre Energie konzentrieren, desto schneller schwingt sie und um so mehr bringen Sie von der Urkraft zum Ausdruck. Wenn das geschieht, öffnen sich für Sie Welten und Dimensionen, die geringfügig schneller schwingen, als Sie wahrnehmen können.

Dieses Öffnen ist der Schlüssel zum Leben, und der Grund dafür, daß Sie die Urkraft in Ihnen verstehen, damit Sie – durch eigene Anstrengung – Ihre derzeitige Lebenssituation verbessern können. Alles, was Sie tun können, um sich selbst zu helfen, hilft auch Ihrem *Höheren Selbst*, sich seinem Ziel zu nähern, und beim Annähern an dieses Ziel werden Sie die Erregung von Welten fühlen, von denen Sie nicht wußten, daß es sie gibt.

*

Im Laufe Ihrer ersten sechs Energieerfahrungen oder menschlichen Leben haben Sie sich zwei Geistwesen oder karmische Engel an Ihre Seite geholt. Diese Geistwesen entwickeln sich und wachsen durch den Dienst, den sie tun. Die Schutzengel sind Ihnen zur Seite gestellt, um sicherzustellen, daß Sie die Erfahrung, die Sie begonnen haben, auch vollenden und sich nicht zu weit von Ihrem Ziel entfernen, wozu Sie vielleicht geneigt wären. Erinnern Sie sich: Das *Höhere Selbst*, das sich durch Sie ausdrückt, ist nicht an die Grenzen gewöhnt, die Sie jetzt erleben, und seine Wahl, auf Erden zu sein, kann zu einer großen Herausforderung werden.

Nehmen wir zum Beispiel an, Ihre vierte Inkarnation erleben Sie als Frau in einer Zeit, in der die Rolle der Frauen sehr beengend war. Ihr Vater verheiratete Sie an einen Tyrannen am Ort, und außer den Hausarbeiten und dem Gebären von elf Kindern hatten Sie keine Möglichkeit, sich selbst darzustellen. Möglicherweise sollten Sie Selbstmord begehen, um dieser Enge zu entkommen. Die Engel hätten Ihnen dann Energie gesandt in Form einer kurzen inneren Eingebung als Hilfe, und diese Inspiration hätte Sie in Ihrem Lebensmuster bis zur Vollendung dieser Erfahrung gehalten. Das bedeutet aber nicht, daß die karmischen Engel Ihr Schicksal kontrollieren – weit gefehlt. Sie schicken Energie, aber was Sie damit anfangen, entscheiden allein Sie. Ihre Aufgabe ist es, Ihnen zu helfen, die Erfahrung mit allem, was dazugehört, zu vollenden.

Am Ende dieser zur Erkundung bestimmten Leben – im Durchschnitt sechs – werden Sie automatisch zu einem Leben hingezogen, das Ihnen größere Freiheit erlaubt. Als Mann würden Sie dann vielleicht das Leben eines Forschungsreisenden wählen, oder als Frau wären Sie dann gern die einzige Tochter eines reichen Grundbesitzers, von dem Sie als Erbin große Verantwortung übernehmen. Landbesitz würde Ihnen wirtschaftliche Sicherheit geben, und durch diese Stellung hätten Sie ein großes Spektrum an Ausdrucksmöglichkeiten.

Nach Ihren ersten sechs Lebenszyklen nähern Sie

sich dem Abschluß der Erfahrung von Evolution auf der Erde, und die Inkarnationen folgen schneller. An diesem Punkt wird sich eine noch mächtigere Energie Ihnen zugesellen. Diese sich entfaltende Energie, die wir Ihren inneren Führer oder Begleiter nennen, hat alle ihre Lebenszyklen auf der Erde schon vollendet und hilft Ihnen mit ihrer Erkenntnis und ihrem Verständnis, Ihr Lebensziel zu vollenden.

Noch einmal, lassen Sie sich nicht durch Begriffe verwirren. Was wir als Führer/Begleiter bezeichnen, kann man auch als Energie der höheren Eingebung ansehen, als eine Art spiritueller Intuition, der Ihre Entwicklung am Herzen liegt. Wenn Sie Ihrem Verstand erlauben, allzu aktiv zu werden, können Sie in Definitionen steckenbleiben und begreifen die Grundidee dieses Konzepts nicht. Stellen Sie sich das so vor: Wenn Sie in einer dunklen Höhle sind und jemand macht Licht, dann ist Ihnen gleichgültig, wie man das Licht nennt, wenn Sie nur sehen können. Als Sterbliche neigen wir dazu, die Dinge, genau definiert, in bestimmte Kästchen einzupassen, aber wie definiert man das Undefinierbare?

Die Energie oder der Begleiter, der Ihnen auf dem Weg zu Ihrem Lebensziel zur Seite steht, ist in jedem Leben ein anderer. Oft ist es jemand, mit dem Sie in einem vergangenen Leben eng verbunden waren: Ihre Mutter, ein Bruder, ein enger Freund oder Geliebter, eine Energie, nun jenseits des irdischen Lebens, die Ihr Begleiter wurde und Ihnen und der Urkraft dient. Sie tut das, um ihr eigenes Verständnis zu vergrößern. Wie gut Ihr Begleiter seine Aufgabe meistert, hängt ausschließich von Ihrem Verhalten ab. Je mehr Energie Sie aufnehmen können, desto mehr wird er Sie vorantreiben, und je mehr er Sie vorantreibt, desto weiter werden Sie sich entwickeln. Aber der Begleiter muß abwarten, was Sie tun.

Es ist wichtig, sich klarzumachen, daß er nicht alle Antworten kennt, nur weil er jenseits der irdischen Ebene ist. Auch er muß, wie wir alle, mit Energie umgehen: Nichts ist vorbestimmt. Überdies, wenn nicht alles richtig zusammengefügt wird, kann es sein, daß er seine Führungsaufgabe mit anderen Menschen wiederholen muß, bis er die richtige Projektion der Energie, Ausgewogenheit und Unausgewogenheit, versteht.

Und so wie Sie wachsen, wächst Ihr Begleiter mit Ihnen, allmählich immer mehr und mehr Energie auf Sie ziehend. Entscheidend ist die Ebene, auf der Sie seine Kraft annehmen können. Tief in Ihnen liegt ein besonders schöpferisches Potential: Vielleicht im künstlerischen Bereich, oder in der Fähigkeit, mit Tieren umzugehen, oder in der Begabung zum großen Lehrer, Friedensstifter, Diplomaten, oder in irgend etwas anderem. Diese Begabungen sind verkrustet durch Ihre Begrenzung und kommen nie an die Oberfläche – gefangen gehalten durch Furcht, Faulheit oder spiritueller Unwissenheit; wenn Sie jedoch Ihr Leben in Schwung bringen und anfangen, Ihre Kreativität auszudrücken, hat Ihr Begleiter etwas, mit dem er arbeiten kann, und er wird andere Führer und Energien heranziehen, die auf Ihrem Interessengebiet Erfahrung haben. Plötzlich haben Sie zwei, drei, vielleicht mehr Begleiter, die Ihnen helfen, und mit dem Erwachen Ihres Bewußtseins werden Sie entscheiden, daß es jetzt an der Zeit ist, etwas für Ihren Körper zu tun. Wenn Sie anfangen, daran zu arbeiten, zieht Ihr Begleiter heilende Energie auf Sie, die Ihnen zeigt, was Sie an optimaler Kraft brauchen, und Ihre Kraft nimmt zu. Je mehr Sie sich dem Licht nähern, desto mehr wird hinzugefügt. Und wie sich dieser Prozeß beschleunigt, werden Sie feststellen, daß dieses Wachstum in Ihrem Leben eine Sache von Wochen ist.

Die Urkraft verstehen bedeutet Ihr *Höheres Selbst* verstehen. Ihr Begleiter ist da; aber mehr als alles andere ist der Wachstumsprozeß ein Wegräumen des Mülls alter Denkmuster, schlechter Gewohnheiten, nachlässigen Auftretens und zähen Denkens. Wenn alles, was Sie sind, gehemmt ist durch Negativität und körperliche Probleme, können Sie kein Kanal für Energie sein. Das Universum steht bereit und wartet darauf, Ihre Entwicklung zu fördern, denn wenn Sie sich entwikkeln, entwickelt sich auch die *Gesamtheit* der Urkraft. Durch Erweiterung Ihres Bewußtseins helfen Sie allen anderen, denn erstens haben wir alle die Urkraft in uns, und zweitens, wenn die Menschen Ihr Wachstum erkennen, schauen sie wie es bei ihnen damit steht, und jeder wird die Energie des anderen anheben.

Im Universum ist nichts gelenkt oder garantiert. Ihr Begleiter lenkt nicht Ihr Schicksal oder bestimmt, was Sie frühstücken werden. Er schickt Ihnen Energie, die Ihnen ein Öffnen erlaubt und eine neue Perspektive gibt. Sie spazieren vielleicht durch eine Straße, wie schon ein dutzendmal vorher, und plötzlich sehen Sie eine Baumgruppe, die Ihnen noch nie zu Bewußtsein gekommen war. Das ist Ihr Begleiter, der Sie durch Ihr *Höheres Selbst* belehrt.

Es ist faszinierend, sich vorzustellen, daß alles, was im Universum existiert, Sie in diesem Augenblick umgibt, jede Dimension, jedes unsichtbare Geistwesen, jede höhere Inspiration. Es geht darum, die körperlichen, emotionellen und seelischen Mißklänge des täglichen Lebens zu beherrschen, und dann plötzlich »Klick«, ein Tor schwingt sanft in seinen Angeln, und vor Ihnen liegt eine andere Welt – eine Welt, die von Anfang an da war, eine Welt der Eingeweihten, eine Welt, für alle offen, aber von wenigen betreten. Die Urkraft in Ihnen ist der Schlüssel. Wenn Ihnen das klar wird und Sie die Wechselwirkung zwischen Ihnen und Ihrem *Höheren Selbst* verstehen, beginnen Sie, Ihr eigenes Schicksal in der Hand zu haben. Denn Sie können diese Erde nicht verlassen, ohne daß sie die Tatsache akzeptieren, daß Sie die Ereignisse in Ihrem Leben erschaffen (und nicht das Schicksal), daß Ihre Erfahrungen – ob angenehm oder nicht – nur Manifestationen Ihres Inneren sind. In dem Augenblick, in dem Sie das aufrichtig anerkennen, erheben Sie sich über das Denken der Masse und legen die Zwänge der »angenommenen Begrenzungen« ab, gerade so, als wenn Sie einen alten Schuh wegwerfen.

Aber es ist schwierig, die Welt hinter sich zu lassen. Sie werden dauernd mit Ihrem *inneren Selbst* konfrontiert, mit seinen Unsicherheiten, seinen Illusionen, seinen Herausforderungen. Stück für Stück schälen Sie die verschiedenartigen Schichten ab und erreichen schließlich die volle Verständigung mit ihrem *Höheren Selbst*, und alle Macht und alles Wissen, das darin gespeichert ist, steht Ihnen zur Verfügung. Wenn diese belebende Energie fließt, wird sie Sie von Stufe zu Stufe tragen, und das Leben wird sich vor Ihnen zauberhaft entfalten. Dann werden Sie sich umwenden, zurückschauen und fragen, warum das alles soviel Zeit gekostet hat.

2

Das Verstehen der Urkraft

Die Urkraft ist allumfassend, das sagt, daß sie in allem ist. Sie ist auch unendlich: Sie streckt sich nicht nur in eine Ewigkeit hinter Ihnen, sondern auch unendlich in die Zukunft. Die Urkraft ist auch allwissend, weil sie – da in allem enthalten – ihr Wissen aus eigener Erfahrung hat.

Ihr Lebensziel ist es, die Urkraft in sich zu entfalten, damit Ihre Wahrnehmung über das, was Sie jetzt sind, hinauswächst; zuerst müssen Sie erkennen, daß die Urkraft in Ihnen *ist*, dann müssen Sie sich selbst als Gott, als Teil innerhalb des Lebendigen Geistes anerkennen. Ganz gleich, was Sie physisch sind, unter welcher Unausgeglichenheit Sie leiden, welche Lebensumstände Sie sich geschaffen haben, Sie bleiben ein Teil der Urkraft. Wenn Sie das erkennen und wissen, daß Sie innerlich wirklich gut, ja heilig sind, dann wird sich die Urkraft in Ihnen verstärken, weil Sie sich auf sie konzentrieren und sich als ein Teil von ihr annehmen.

Sie könnten den Tag mit einer persönlichen Affirmation beginnen, wie: »Ich bin die Urkraft in mir. Was ich bin, ist ewig, unsterblich, allumfassend und unendlich. Was ich bin, hat Schönheit und Stärke. Dieser Tag ist mein Tag, und alles, was ich an mich ziehe, dient meiner höchsten Entwicklung und meinem Wachstum.« Machen Sie dies frühmorgens, und die Urkraft nimmt zu. Sie ist Ihr Beschützer, wenn Sie in den Tag hinausgehen. Dadurch, daß Sie die Urkraft erkennen und Ihre Position nicht durch Kompromisse schwächen, gehen Sie in eine besondere Energie hinein, die zuläßt, daß Licht aus Ihrem Inneren zu den Menschen fließt, mit denen Sie zu tun haben. Diese Energie wird von anderen gefühlt und, so wie ein Nilpferd sich träge aus seinen Nilpferdträumen aufrichtet, so beginnt sich eine ungeheure Kraft zu rühren, und alle beginnen aufzuhorchen.

Wenn Sie genug Urkraft in sich haben, sind Sie bereit, Ihr inneres Wesen nach außen zu geben. Sie können neue Beziehungen und Aufgaben voller Zuversicht aufgreifen, und da Sie volle Verantwortung für sich übernehmen, werden die Menschen diese Energie spüren, und man wird Sie fragen, ob Sie auch Verantwortung für ihre Vorhaben übernehmen wollen. Sie werden nie ohne Arbeit sein, denn die meisten Menschen scheuen Verantwortung, als wäre sie eine exotische Krankheit.

Wenn Sie einmal erkannt haben, daß die Urkraft in Ihnen ist und daß Sie – nicht das Schicksal, Gott oder irgend jemand anderes – Ihr Leben bestimmen, sind Sie bereit für den nächsten Schritt, und das bedeutet im Grunde, sich mit Ihrem *Höheren Selbst* und dem Fluß seiner Energie in Ihrem Leben anzufreunden. Es ist gleichsam ein Auftreten am königlichen Hof, Sie müssen die Formalitäten und Eigenheiten des Energiemusters studieren, um herauszufinden, worauf es anspricht und wie es sich in Ihrem Leben am besten ausdrücken kann. Dieser Teil des Trainings kann recht erfrischend sein, denn der Alltag wird zum Symbol Ihres Fortschritts, und Sie werden nichts erleben, ohne die innere Nachricht zu erkennen. Diese Zwiesprache zeigt sich in der Entfaltung von Symbolen: Und der Landstreicher an der Ecke, der Sie auf dem Weg zum Bahnhof angesprochen hat, ist dann kein Landstreicher mehr, sondern ein Symbol, ein einziges Wort in einem kosmischen Kapitel, das Sie über Sie selbst belehrt. Wenn Sie lernen, die Entwicklung als Ihren Lehrmeister zu betrachten, werden Sie merken, wie Ihr *Höheres Selbst* Sie sanft zu Ihnen selbst zurückführt. Man sagt: »Wenn der Schüler bereit ist, kommt der Lehrer.« Aber Sie müssen den ersten Schritt hin zu dem tun, was Sie wollen, und dazu das nutzen, was Sie jetzt haben, anderenfalls stampft Dummheit Ihre Erwartungen in den Boden. Alles um Sie hilft Ihnen, den nächsten Schritt zu tun, aber es gibt keine automatische Beförderung. Sie können nicht geheime Worte murmeln, um Mitternacht um mystische Symbole tanzen und sagen: »Ich bin die (der) Eingeweihte«, und eine Antwort der Urkraft erwarten – es kommt keine. Aber wenn Sie auf sie zugehen und die Verantwortung für Ihr Leben annehmen, tun Sie den nächsten Schritt.

Um die Botschaften der Urkraft zu verstehen, müssen Sie das Unterbewußtsein verstehen, in dem wie auf einer großen Landkarte die Ereignisse Ihres Lebens aufgezeichnet sind. Ihr Wachbewußtsein ist nur eine Taschenlampe, die einen kleinen Ausschnitt der Karte beleuchtet. Sie können nur die Ereignisse in Ihrer unmittelbaren Umgebung sehen, der Rest der Landkarte ist noch da, aber für Sie liegt er im Dunkeln und so jenseits Ihrer bewußten Wahrnehmung.

In Hypnose können Sie auf alles zurückschauen, was Sie jemals getan haben, auf jedes Wort, das Sie gesprochen haben, jede Erfahrung, durch die Sie gegangen sind – alles ist da. Sie könnten sich daran erinnern, wieviel Schritte Sie gemacht haben, um heute zur Arbeit zu gehen, oder Sie könnten sich Ihrer allerersten zusammenhängenden Worte erinnern. Nichts ist verloren, denn der Geist speichert Milliarden von Informationseinheiten, und diese Informationsstücke und Charatkeristiken bilden Ihr *inneres Ich*.

Dieses Aufzeichnungssystem beginnt mit der Geburt. Der Geist programmiert und speichert all Ihre Gedanken und Gefühle und nimmt alle Regungen, Ängste und Begrenzungen auf, die er angeboten bekommt. Wenn eine Mutter zu ihrem Kind sagt: »Zieh deinen Mantel an, sonst erkältest du dich zu Tode«, dann nimmt das Unterbewußtsein des Kindes das als ein autoritäres Glaubensmuster auf, und wenn das Kind das nächste Mal ohne Mantel hinausgeht, holt sein Geist diese Energie wieder hervor und sagt: »Ohne Mantel: Krankheit«, und es holt sich eine Erkältung.

Diese Art von negativer Programmierung setzt sich fort, und in den ersten dreizehn Lebensjahren nehmen Kinder voll an, was Eltern und Erzieher ihnen sagen. Sie akzeptieren die Überzeugungen ihrer Vorfahren, ihre Haltung, Wertung und ihre Art zu denken. Nach dem dreizehnten Lebensjahr werden sie geistig erwachsen und beginnen mit der Energie, die so geschaffen wurde, zu experimentieren und sie weiterzuentwikkeln. Was bei Jugendlichen dabei herauskommt, ist oft unbequem, da sie versuchen, ihre Glaubensmuster mit ihrer eigenen Identität in Einklang zu bringen.

Der Schlüssel zum spirituellen Wachstum liegt im Prozeß der Auseinandersetzung mit unserem Geist und seinen negativen Seiten, seinen Gefühlen und Einstellungen. Jeder Gedanke, jedes Gefühl, das Sie sich selbst gegenüber haben, wird auf einer inneren Ebene als

Energie ausgedrückt, die im Zusammenwirken mit dem Urgesetz die Ereignisse und Umstände Ihres Lebens schafft. Sie können diese innere Energie beobachten, indem Sie auf das achten, was Sie umgibt. Gibt es für sie nur Schönheit und einen Reichtum des Lebens? Oder gibt es Lebensbereiche, die Sie verbessern möchten? Durch den Blick auf Ihr *inneres Selbst* können Sie wachsen und dabei dehnen Sie die Ebene der Urkraft, die Sie ausdrücken.

Wie gesagt, die Urkraft ist eine total positive Energie. Sie kann nicht Teil des Negativen sein, denn ihre Evolution vollzieht sich jenseits davon. Wenn Sie mit einem großen Stock in der Hand auf der Straße stehen und damit dem erstbesten Unglücklichen, der zufällig daherkommt, über den Schädel hauen und ihn ausrauben, hat Ihre Urkraft keinen Anteil an dieser Tat. Die Urkraft ist im Stock, im Blut und im gestohlenen Geldbeutel, aber sie ist nicht verantwortlich für das Geschehen, noch erlebt sie es als negativ. Sie ist eben eine göttliche Energie, ein Beobachter, kein Beteiligter; sie bewegt sich auf einer Wahrnehmungsebene, die jenseits des Physischen liegt und doch ein Teil davon ist.

Je mehr Sie Ihren Geist und Ihre Gefühle darin üben, das Positive zu betonen, desto ähnlicher werden Sie der Urkraft: Ein Beobachter auf göttlicher Ebene, mit den Gebrechlichkeiten des menschlichen Lebens gefühlsmäßig nicht verbunden.

Es wird jedoch mehr verlangt als eine positive Lebensauffassung. Sie müssen anfangen, sich all die Begrenzungen Ihres *inneren* Ichs anzuschauen, denn die Urkraft ist unbegrenzt, und je weniger gebunden Sie sind, desto mehr können Sie von der Urkraft ausdrükken. Jedesmal, wenn Sie innehalten, sich selbst betrachten, Ihre Reaktionen und Gefühle beobachten, räumen Sie wieder einen kleinen Teil des Schuttes weg, der sich angesammelt hat.

In der Legende vom Heiligen Gral wird die Konfrontation mit den eigenen inneren Unsicherheiten symbolisch durch den Kampf mit dem Drachen dargestellt. Durch Überwinden von Begrenzungen nähern Sie sich der nächsten Dimension – einer Dimension unvergleichlicher Glückseligkeit, die jenseits der alltäglichen Wahrnehmung besteht. Dann beginnen Sie genaugenommen, die irdische Ebene zu verlassen, denn, obwohl Ihr Körper vielleicht noch hier ist, entfernt sich Ihre Energie von der physischen Ebene. Das erschafft um sie eine Insel voll Kraft und Schönheit, und von dieser Insel blicken Sie als stiller Beobachter zurück auf die Welt. Sie werden so wie die Urkraft im Stock, den der Räuber auf der Straße hatte, Sie reagieren nicht mehr auf die Gefühle anderer, sondern leben Ihre eigene Schöpfung, eine Welt für sich.

Ja aber »wie steht es damit, anderen zu helfen«, werden Sie vielleicht fragen. Wenn Sie tief in sich hineingehen und sich von Ihrer Negativität befreien, fangen Sie an, Ihre Energie zu erhöhen. Damit helfen Sie anderen, nicht durch materielle Unterstützung, sondern durch Ihre eigene Bewußtseinserweiterung. Dies klingt möglicherweise seltsam, aber es ist eine kosmische Tatsache, daß Sie zuerst sich selbst heilen, zuerst selbst den Gral finden müssen, bevor Sie für andere von Nutzen sind. Sie können ihnen einen Sack Reis schicken, wenn Sie wollen, aber das wird ihre Audrucksmöglichkeit der Urkraft um keinen Deut erhöhen. Um Menschen wirklich zu helfen, müssen Sie ihnen zeigen, wie sie ihre Kraft verstärken können. Doch wie wollen Sie ihnen das zeigen, wenn Sie Ihren eigenen Weg noch suchen? Durch Verwirrung? Haben Sie Ihre Energie einmal erhöht, werden Sie die Menschen automatisch anziehen. Sie brauchen dann nicht hinauszutreten und zu rufen: »Kommt her, ich heile euch!« Die Menschen werden zu Ihnen kommen, weil diejenigen, die spirituell wachsen, Beispiele der Urkraft suchen, die sich schneller bewegt als sie selbst, denn solche Beispiele helfen ihnen, ihren eigenen Ausdruck von Schönheit zu steigern durch eigene schnellere Energiebewegung.

Mit Ihrer Entwicklung wird Ihre Wahrnehmung schärfer. Sie erleben außersinnliche Wahrnehmung, wie Hellsehen, Hellhören, oder – wahrscheinlicher – Sie werden sensitiv im Fühlen, und Sie finden sich an Orten oder in Situationen, wo Sie einfach *wissen*, was geschehen wird. Diese Kraft der Wahrnehmung ist sehr stark; das könnte dazu verleiten, auf andere mit der neugefundenen Kraft Eindruck zu machen, und bevor Sie sich umsehen, haben Sie eine Marktbude »Madame Zora« aufgestellt und beraten andere.

Das ist in Ordnung, solange Sie sich bewußt sind, daß geistige Macht auch eine Falle sein kann. Wirkliche methaphysische Wahrnehmung liegt in der Kraft der Stille. Je mehr Kontakt Sie mit der Alltagswelt haben, desto mehr bindet Sie diese Welt an das Physische. Jenseits des »Übersinnlichen« gibt es noch eine andere Dimension, aber viele, die eine Kraft haben, die nur ein wenig über das Mittelmaß hinausgeht, sind süchtig von Glanz und Ruhm, sie erreichen diese Dimension nie.

Wenn Sie zu lange in der Welt der übersinnlichen Wahrnehmung bleiben, dann verpassen Sie den metaphysischen Anschluß, und Sie werden jene Dimension der Urkraft nicht erreichen, auf der die Anwendung übersinnlicher Fähigkeiten nicht mehr bedeutet, als wenn ein kleines Kind zwei Bausteine aneinanderschlägt. Bei Entwicklung in der Stille behalten Sie in sich eine Kraft, und je mehr Sie hier weitergehen, desto mehr Türen öffnen sich vor Ihnen, aber Sie müssen die Stille durchqueren, vielleicht viele Jahre, und Sie müssen darauf vertrauen, daß noch mehr vor Ihnen liegt. Viele medial Veranlagte halten einige vorüberziehende Impressionen für ihr ganzes Können, und durch dauerndes Abgeben ihrer Energie an andere brennen sie sich innerlich selbst aus. Sie haben dann keinen Impuls, sich hinüber zu anderen Ebenen zu tragen, und schließlich kann sich dieser Mißbrauch als Krankheit manifestieren. Wenn Sie das nächste Mal einen Sensitiven oder ein Medium aufsuchen – die seit vielen Jahren tätig sind – schauen Sie ihren Körper an, bevor Sie entscheiden, ob sich das Leben eines Hellsehers bezahlt macht. Ein hoher Prozentsatz von ihnen ist völlig ausgebrannt.

Ich erwähne das, weil Menschen in der Dummheit des Egos oft gefangen sind. Wenn Sie sich auf die Urkraft zubewegen, werden Sie feststellen, daß Ihr Ego zu sterben beginnt. Ihr Unterbewußtsein tritt beiseite, um Ihrem *wahren* Ich die Kontrolle über Ihr Leben zu überlassen. Natürlich gibt das Ego nicht kampflos auf! Wenn Sie bedenken, daß Sie jahrelang Energie in Ihr Unterbewußsein gegeben haben, dann wird Ihnen klar, daß es Mühe und Disziplin erfordert, damit aufzuhören. Es wird Rückschläge geben und »dunkle Nächte der Seele«, es scheint, daß Sie etwas Unüberwindlichem gegenüberstehen, aber das ist nur die Energie des Verstandes auf der Ebene des Unterbewußtseins, der rebelliert und sich weigert, seine beherrschende Stellung aufzugeben. Er wird alle Tricks benutzen, aber indem Sie mehr und mehr der Urkraft ausdrücken, wird Ihr Verstand allmählich seinen Griff lockern, und eine Zeitlang werden Sie vielleicht sogar das Gefühl bekommen zu sterben.

Deshalb handeln Geschichten über Eingeweihte, wie zum Beispiel über Lazarus, vom Sterben und Wiederauferstehen. Als dies geschrieben wurde, gab es nicht die Worte, um psychologische, metaphysische, *innere* Ereignisse zu beschreiben. Deshalb lesen wir, daß Lazarus starb und dann wieder zum Leben erwachte durch Verbindung mit metaphysischer Erkenntnis (in seinem Fall repräsentiert durch Jesus von Nazareth).

Dem entsprechend: Die Eingeweihten der Großen Pyramide wurden in einen Sarkophag oder in ein Grab gelegt, wo sie symbolisch starben. Der Hohe Priester verwendete Kräuter und verschiedene Techniken der Bewußtseinssteuerung, um es dem Schüler zu ermöglichen, Dimensionen jenseits des Irdischen zu schauen. Um das zu erreichen, mußte der Schüler in eine katatonische Trance gehen, in der sein Geist sich auf Wahrnehmungen jenseits der physischen Ebene einstellte. Die Berichterstatter jener Tage, die nicht ganz verstanden, was vorging, berichteten so gut sie es wußten. Und so finden Sie die Erzählung über den Eingeweihten, der in den Sarkophag oder ins Grab steigt, stirbt und nach drei Tagen wieder aufersteht, in vielen Religionen und Kulten. Einige davon, wie die Ägyptischen Mysterien oder der Kult von Mithras waren vor dem Christentum allgemein bekannt.

Jüdische Autoren kannten die Mysterien der Großen Pyramide, weil die jüdischen Stämme viele Jahre in

Ägypten lebten und der Mithraskult die Religion der römischen Eroberer des Heiligen Landes war. Und so ist es zu erklären, daß die Geschichten um Jesus von Nazareth sich eng an die Geschichten von Mithras und den alten ägyptischen Traditionen anlehnen.

Am Ende der drei Tage hatte der Schüler seine wahre kosmische Realität verstanden, und nach der Überlieferung kehrte er als Eingeweihter ins Leben zurück, mit einem Eid zur Verschwiegenheit verpflichtet. Tatsache ist, verliert die negative Struktur des Verstandes ihren starken Einfluß auf den Alltag, dann stirbt das, was Sie für Ihr »Ich« halten, und langsam erwacht Ihr *wahres* Ich zum Leben. Wenn die Energie Ihres *Höheren Selbst* anfängt, ein stärkeres Muster aufzubauen, werden Sie wirklich zum Eingeweihten, aber es ist ein allmählicher Prozeß, ein heftiges Ringen zwischen inneren Gegebenheiten.

Diesen Kampf zu gewinnen, ist Ihr höchstes spirituelles Ziel. Sie unterstützen den Energiefluß der Urkraft, indem Sie Ihr Unterbewußtsein disziplinieren und auf das Wesentliche lenken. Zuerst werden Sie das Gefühl haben, daß die Urkraft nicht da ist, denn ihr Ausdruck durch ihr *Höheres Selbst* ist keine Kraft zum Berühren, Schmecken, Hören oder Sehen. Vielleicht haben Sie ein unbestimmtes Gefühl, daß sie mit Ihnen ist, Sie sehen, wie sie in Ihrem Leben wirkt, aber Sie werden nicht in der Lage sein, sie direkt zu erfahren. Wie der Wind weht sie durch Ihr Unterbewußtsein. Sie wissen, es geschieht etwas, aber was? Wenn Sie allmählich Ihre Energie steigern, werden Sie wissen, die Urkraft ist da – ohne es jemals beweisen zu können – aber Sie fühlen ein inneres Glücklichsein. Nur wenn sie nachläßt oder verschwindet, werden Sie es merken. Dieser ständige

Fluß vom *Höheren Selbst* macht süchtig. Sie werden tatsächlich befürchten, kein Teil dieser Kraft zu sein, weil Sie sich sonst in der Welt mit all ihren Unsicherheiten und Ängsten verloren fühlen. Wenn Sie aber Ihr Energieniveau aufrechterhalten und nicht zulassen, daß etwas Ihre Art zu leben beeinflußt, und täglich die Kraft erkennen und mit ihr arbeiten, bauen Sie um sich einen unsichtbaren Energieschirm. Diese Kraft bewegt sich schneller als die Energie, auf die Sie im täglichen Leben treffen, und die negativen Anwürfe prallen ab. Sie besitzen damit einen Schild aus totaler Kraft.

Dieser Ausdruck positiver Kraft eilt Ihnen voraus. Wenn Sie täglich auf sie zugehen, ist alles im Lot und im Fluß; sofort sehen Sie jeden Stolperstein, da gibt es keine Unfälle im Leben, keine unschuldigen Opfer. Durch Ausgewogenheit oder Mangel daran bestimmen sie jedes Ereignis Ihres Lebens. Der Mann auf der Straße, der mit einem Stock zusammengeschlagen wird, ist auf einer inneren Ebene intensiv an diesem Ereignis beteiligt, denn seine Energie, seine Unausgewogenheit, seine Gedankenformen brachten ihn an den Punkt, wo er sich ausgeraubt auf der Straße fand. Hätte er mehr von der Urkraft in sich gehabt, wäre er rechts und nicht links abgebogen, und er würde eine halbe Meile weiter in einem Café einen Kuchen verzehren. Das Energiemuster des Überfalls wäre dann Teil des Wachstums und der Entwicklung eines anderen.

Ja, und was wäre, wenn ...? Wenn der Mann auf der Straße etwas später gekommen wäre, was dann ...? Für die Urkraft gibt es kein »was wäre, wenn ...?« und kein »was dann ...?« Niemand sonst, allein Sie erschaffen jeden Augenblick Ihres Lebens.

All Ihre Erlebnisse sind von Ihnen gemacht. Wenn

Sie auf dem spirituellen Weg fortschreiten wollen, müssen Sie diese Tatsache akzeptieren. Sie leben in einer gefährlichen Welt, jede Minute können Sie weg sein. Es ist Ihre Verantwortung, Ihre Gedanken, Ihre Gefühle und Ihren Körper im Lot zu halten, anderenfalls wird Ihr Energiemuster außer Kontrolle geraten. Das kann sich als etwas ganz Geringfügiges zeigen, als Streit bei der Arbeit, oder als etwas eher Bedrohliches: Irgendein Verrückter fährt vor Ihnen über das Rotlicht und nagelt Ihren Wagen gegen die Wand der Bushaltestelle; und Ihre Energie tritt die Reise in die geistige Welt an. Die Leute sagen dann: »Armer Harry, so ein schrecklicher Unfall, es war wohl Gottes Wille.«

Aber es ist nicht Gottes Wille, und Sie sollten der Urkraft nicht die Schuld zuschieben, denn sie ist daran nicht beteiligt. Es ist Harrys Energie, was er von seinem Leben hielt, seine Kraftlosigkeit, der Streit mit seiner Frau, bevor er losfuhr, die zwei Whisky zuviel letzte Nacht, der Mangel an Achtung seinem Körper gegenüber, die Energie, die er über Jahre hinweg aufgebaut hat, und die Art, wie er diese Energie in seinem Leben zum Ausdruck brachte; all diese Dinge führten ihn gerade zu diesem Zeitpunkt an jene Verkehrsampel, um ein Wachstumsmuster zu erfahren. Wenn Harry in sein *Höheres Selbst* zurückkehrt, dann wird er verstehen, daß er für sein Leben verantwortlich war. Ohne Schmerz und Qual wird er alles als eine Lehre sehen. Denn im *Höheren Selbst* ist alles alkalisch und positiv – dort gibt es keine Sünde.

Nichts, was Sie tun, kann metaphysisch als Sünde angesehen werden. Es gibt hohe Energie, die die Urkraft ausdrückt, und weniger hohe Energie, das ist alles. Was immer Sie erschaffen, durchleben Sie. Die Auswirkungen sind um Sie, wenn Sie sterben, sie sind es während Sie leben, und Ihr Leben ist dazu da, zu lernen, mit ihnen umzugehen. Ein Mensch, der die Rechte anderer verletzt, mischt sich in ihre Freiheiten ein, und er schafft damit eine einengende Energie um sich selbst: Dies wiederum zieht andere an, die seine Rechte verletzen werden. Es geht hier nicht um Schuld und Sühne im Sinne einer Vergeltung von Sünden, es ist nur mehr Energie in Bewegung und die Folgen daraus, wenn Sie es so ausdrücken wollen.

Sünde ist eine Erfindung des Verstandes auf der unterbewußten Ebene. Sie ist ein moralischer Code von Regeln, der auf unterschiedlichen Stammesgebräuchen basiert, und ein Verstoß gegen diesen Code gilt bei den Mitgliedern des Stammes als Sünde. Aber was für Sie eine Sünde ist, braucht es nicht für jemand anderen zu sein. In Afrika auf den hochgelegenen Ebenen der Serengeti steht seit vielen Jahren das kleine Dorf eines Stammes. Jeden Morgen nach dem Aufstehen schlendern die Männer zum Rand des Dorfes, wo sie zu einem bestimmten Baum gehen und pinkeln (weiß der Himmel, was das für den Baum bedeutet!). Dies ist dort üblich, und die Frauen des Dorfes kümmert es nicht. Jetzt, holen Sie sich ein paar Freunde, gehen mit ihnen morgens gegen acht zur nächsten Bushaltestelle und machen das gleiche; schreiben Sie mir dann aus dem Gefängnis und lassen Sie mich wissen, wie Ihre »Dorfbewohner« reagiert haben. Sünden erschafft der Verstand, ein bewegtes Gewässer aus Sitten, Regeln und Traditionen.

Die Gesetze der Urkraft sind jenseits von Gefühlen. Da die Urkraft einfach Energie ist, urteilt sie nicht darüber, wie Sie sich aufführen. Sie ist vollkommene Liebe, neutral. Sie hat bestimmte symmetrische Muster, die sich je nach Energie, die Sie hineingeben, zu entfalten scheinen, aber diese Muster fällen kein Urteil über Sie. Sie entfalten sich einfach und entsprechen dabei der Ebene der Ausgewogenheit, die Sie aufrechthalten.

So lernen Sie im Verlauf Ihrer körperlichen Entwicklung durch praktisches Üben die Urkraft verstehen. Sie lernen unter Ihnen genehmen Bedingungen mit Ausgeglichenheit und Kontrolle zu arbeiten bis zu der Zeit, wenn sei bereit sind, auf höhere Ebenen überzuwechseln. Wenn das geschieht, wird sich die Führungsenergie mit Ihnen vereinen; sie hilft Ihnen, sich schneller zu entfalten. Jene führende Kraft ist gerade jetzt bei Ihnen, wie Sie dieses Buch lesen, und sorgt dafür, daß Sie alles haben, was Sie zum Wachstum brauchen.

Noch einmal: Um die Urkraft – die Kraft ohne Grenze – zu verstehen, müssen Sie ihre Existenz anerkennen. Dann müssen Sie sich klarmachen, daß – da sie in allen Dingen und in Ihnen ist – Sie die Macht haben, über alle Dinge Kontrolle auszuüben. Wenn Sie Ihren Verstand unter Kontrolle bringen, können Sie alles erkennen. Disziplin gibt Ihnen die Freiheit, die Urkraft auf Ihre Ziele zu richten, und diese Ziele werden Sie allmählich in Entwicklungsprozesse führen jenseits derjenigen, die Sie jetzt erleben. Und das ist wichtig.

3

Wie ein Kommunikationsfluß mit der Urkraft entwickelt werden kann

Wenn Sie einmal verstehen, daß die Urkraft in allen Dingen ist, und daß Sie sie zu Ihrem Wohl nutzen können, brauchen Sie als nächstes das anwendbare Wissen darum, wie sie sich zeigt und welche Energieebenen für Sie verfügbar sind.

Wir wollen uns jetzt näher über Ihren Inneren Führer unterhalten, und wie Ihre und seine Entwicklung zusammenhängen. Begriffe wie »Geistführer«, »Geisthelfer« beschwören oft Bilder von viktorianischen Seancen herauf, bei denen eine weißhaarige alte Lady mit piepsender Stimme die Zimmerdecke fragt: »Ist jemand da?« Diese Vorstellung von den Führern verwirrt. Ihr Führer ist kein ägyptischer Prinz, kein roter Indianerhäuptling und keine Nonne aus der Renaissance. Er ist eine Energie, die sich über die Begrenzungen des Wiedergeburtsmusters hinaus entfaltet, und da diese Energie ein wenig außerhalb Ihrer Wahrnehmung ist, formt sich Ihr Unterbewußtsein, ein Symbol, das es versteht. Es stellt sich einen Indianerhäuptling vor, weil ihm das so bequem ist. Dann muß die Energie einen Namen haben, also erfindet der Verstand einen, und so weiter; es ist ein Prozeß, in dem das Unterbewußtsein sich Bilder erschafft, die es versteht.

Wenn Sie im Wald spazierengehen und treffen einen Naturgeist, dann kann Ihr Verstand dieses Energiemuster nicht entschlüsseln, denn die Energie dieses Naturgeistes wäre eine aufblitzende, vibrierende Lebenskraft, die sich schneller bewegt als das Auge wahrnehmen kann und die undefinierbar für das Unterbewußtsein ist. Aber Ihr Verstand, kein Freund von visuellen Mustern, die ihm nicht vertraut sind, formt die Information automatisch in ein Symbol um, das er begreift; dann sagen Sie: »Ich sah einen kleinen Kobold mit einem grünen Hut, er saß auf einem Felsen und spielte Flöte.« Das ist die Eigenart des Verstandes und seiner Symbole.

Ihr Führer ist auch ein spontanes Aufblitzen vibrierender Lebenskraft, und er nutzt diese Vibration, um Ihnen zu helfen, sich zu entfalten. Durch seine Stellung und verbunden mit Ihrem *Höheren Selbst* ist er ein Schlüssel, der Zugang verschafft zur Wahrnehmung ungeahnter Räume. Diese »Information« ist entscheidend für Ihr Wachstum, aber sie wird nicht zum Tragen kommen, solange Sie sie nicht auf einer Energieebene annehmen können. Denn Ihr Führer will Sie nicht wegsprengen, indem er Ihren Energiekreis überlastet. Er hat mehr Kraft als Sie je brauchen werden, aber es ist ein Teil des Lernprozesses Ihres Führers, diese ganze Kraft abzuwägen, nichts wegzulassen, und sie dann in solchen Mengen an Sie zu geben, die Sie nicht aus dem Gleichgewicht bringen.

Einmal nahm ich an einem mind-control-Seminar in London teil. Einer der Teilnehmer war ein einfacher Junge mit einer liebenswerten Geradheit. Das Seminar lief an zwei aufeinanderfolgenden Wochenenden, und in dieser Zeit erlebte er ein großes spirituelles Erwachen. Er erfuhr über den Geist, die verborgenen Möglichkeiten des Menschen, die alten Weisheiten, und er war begeistert. Zweifellos war sein Führer darüber erfreut und setzte noch mehr Energie frei. Ein Crescendo baute sich in dem jungen Mann auf. Er kam schnell und intensiv mit seiner inneren Kraft in Berührung und begann, sich unüberwindlich zu fühlen. Er hielt sich für das größte geistige Wesen auf der Erde. Sein Unterbewußtsein hatte dafür ein Symbol, das hieß: »Jesus von Nazareth war das höchste spirituelle Wesen, das jemals lebte.« Und deshalb fühlte der Junge, er müsse Jesus sein. Zwei Wochen später besuchte er ein Folge-Seminar. Als er den Raum betrat, erklärte er, er sei Jesus und seine Energie sei unüberwindlich. Die anderen standen herum, murmelten »na, na!« und nahmen wenig Notiz von ihm. Nunmehr hatte der Junge das Gefühl, er müsse die große Kraft, die er in sich spürte, demonstrieren, und er verkündete, er könne fliegen. Er wurde noch nicht beachtet. Wenig später stürzte er sich, zur Bestürzung aller Anwesenden, aus dem zweiten Stock des Gebäudes in einen Brunnen unten im Hof. Und gerade an dem Tag hatte der Hausmeister des Gebäudes beschlossen, daß es Zeit sei für die jährliche Brunnenreinigung, und das Wasser abgelassen! Unser junger »Sucher« flog 10 Meter durch die Luft und landete in den Armen von hartem Beton.

Sein Führer gab auf!

Ich erzähle diese Geschichte, um zu zeigen, daß es beim Umgang mit Energie auch möglich ist, überladen zu werden. Der Führer muß sicherstellen, daß Sie in einem angepaßten Gleichgewicht mit Ihrer Entwicklung bleiben, er muß Ihnen Kraft zugänglich machen, aber die Grenze ist durch Sie vorgegeben.

Der Schlüssel liegt deshalb darin, wie weit Sie sich der Urkraft öffnen können, dieser wohlwollenden

Kraft, die seit Anbeginn der Zeit auf Sie wartet. Viele möchten große Vermittler sein, ein Kanal für höhere Energie für das New Age, das Wassermann-Zeitalter, und doch begreifen sie nicht, daß die Energie nur in dem Maße fließen kann, in dem sie bereit sind, sie aufzunehmen. Eine einfache Regel, aber viele verstehen sie nicht.

Wenn Sie Kraft und Heilung an das Wassermann-Zeitalter weitergeben wollen, fangen Sie bei sich selbst an, schauen Sie auf die Energie Ihres Lebens, schauen Sie, was Sie zurückhält; alte Bindungen, negatives Verhalten, schlechte Eßgewohnheiten, ein Mangel an Zielstrebigkeit, vielleicht ein Mangel an Mut. Eine Inventur Ihrer Lebenssituation wird Ihnen wahrscheinlich klarmachen, daß Sie alles haben, was Sie brauchen, und daß Ihr Lebensziel vor Ihnen liegt: Wenn es das nicht täte, dann hätten Sie die Erde vor einiger Zeit verlassen und würden Evolution anderswo erfahren.

Kommunikation mit Ihrem Führer und Ihrem *Höheren Selbst* ist hauptsächlich eine Sache von Disziplin. Sie müssen darangehen, als hinge Ihr Leben davon ab. Ihr Verstand ist stark. Viele Jahre hatte er das Kommando, und wenn er nicht muß, wird er kein Terrain aufgeben. Die Anstrengung ist gleich einem Schwimmen gegen den Strom. Und dann, wenn Sie den Schutt beiseiteräumen, leuchtet das Licht stärker und seine Kraft ermutigt Sie, tiefer zu gehen.

Aber erst müssen Sie die Vorstellungen, die Sie von sich haben, durcheinanderschütteln. Ihr Verstand hat viele starre Muster geschaffen – Gewohnheiten, wenn Sie so wollen – und er wird an diesen Gewohnheiten festhalten, als ob sein Leben davon abhinge, und in gewisser Weise tut es das auch. Schütteln Sie den

Baum! Durchbrechen Sie die Routine. Lassen Sie dauernde Veränderungen zu, so schaffen Sie Frische um sich herum. Stehen Sie um drei Uhr früh auf und frühstücken Sie, auch wenn Ihr Verstand protestiert, überraschen Sie ihn, nehmen Sie ihn mit zu einem eiskalten See und werfen Sie ihn hinein.

Durch radikales Verändern der Muster, die Sie umgeben, verwirren Sie Ihren Verstand, und er lockert seinen Griff. Das ist Ihr Schlüssel zu einer vollen Erfahrung der höheren Mächte. Im Augenblick schaffen die Kraft Ihres Verstandes, Ihre Gefühle und das, was Sie von sich selbst halten, einen undurchdringlichen Damm, durch den die Urkraft nicht fließen kann. Haben Sie einmal Ihren Verstand diszipliniert und Ihre Gefühle unter Kontrolle, wird die Energie Ihres *Höheren Selbst* fließen, und je mehr sie das tut, desto mehr Licht scheint auf Ihren Weg. Schwierigkeiten schmelzen dahin und Sie werden völlig verstehen, was ein »Goldenes Zeitalter« sein kann.

Ohne Disziplin sind Ihre Chancen gering: In Wahrheit, sie sind gleich null.

4

Die vier Disziplinen der Eingeweihten

Kommen Sie auf Disziplin zu sprechen, macht sich Ihr Unterbewußtsein aus dem Staub!

Warum?

Weil Ihr Verstand weiß, daß er die Kontrolle verliert, wenn Sie Disziplin halten, und er wird nicht aufgeben, wenn er nicht unbedingt muß.

Um diese Schlacht zu gewinnen, müssen Sie eine möglichst hohe Energie aufbauen, Sie müssen sie schützen und sorgfältig darauf achten, sie immer auf diesem Niveau zu halten. Solange die Energie hoch bleibt, behalten Sie die Kontrolle, aber lassen Sie sie absinken, wird sogleich Ihr Unterbewußtsein dominieren. Es ist das Wesen der irdischen Ebene, das versucht, Sie niederzuziehen, teilweise wegen ihrer eigenen Geringwertigkeit; oder Sie werden müde, Ihre Eßgewohnheiten werden schlecht; oder Sie lassen negative Gefühle in Ihr Leben kriechen. Ihr evolutionärer Lernprozeß ist beherrscht durch Ihre Fähigkeit, Ebbe und Flut der Energie, die Sie umgibt, wahrzunehmen und zu kontrollieren. Denn, wie jede Energie, ist auch die metaphysische flüchtig und steht nie still.

Obwohl Sie nie eine greifbare Erfahrung der Urkraft haben werden, werden Ihnen Ihre inneren Gefühle sagen, wann sie bei Ihnen ist und wann nicht, und bald werden Sie so geübt sein, daß sie die Feinheit der Energie wahrnehmen können, die Ihr Leben beeinflußt.

Die vier persönlichen Disziplinen, die in alten Zeiten als die Vier Disziplinen der Eingeweihten bekannt waren, sind:

Disziplin des Körpers
Disziplin der Ernährung
Disziplin der Gefühle
Disziplin des inneren Gleichgewichts

Über jede einzelne könnte man ein ganzes Buch schreiben, aber eine kurze Diskussion darüber gibt Ihnen eine Grundlage, von der aus Sie weitermachen können.

Körperliche Disziplin wird durch Kenntnis Ihres Körpers erworben. Wenn Sie ein gründliches Verständnis Ihrer körperlichen Erfahrung haben, können Sie weiterschreiten, und ein Tor wird sich automatisch öffnen. Es ist unmöglich, eine höhere Ebene der Erfahrung zu erreichen, ohne die, auf der Sie jetzt sind, gemeistert zu haben. Das bedeutet nicht, daß Sie jedes Ihrer körperlichen Leiden sofort heilen müssen. Was die Disziplin von Ihnen fordert, ist, daß Sie Verantwortung für Ihren Körper übernehmen, ihn kennenlernen, ihn kontrollieren, mit ihm üben und ihn respektieren. Sie müssen dafür sorgen, daß Ihre Körpererfahrung nicht mit Ihnen durchgeht bis zu dem Punkt, daß Ihr Körper Sie kontrolliert statt umgekehrt. Wenn Ihr Körper krank ist, drehen Sie sich nicht um, und geben Sie nicht auf. Statt dessen sollten Sie bekräftigen: »Das, was ich bin, ist die Urkraft in mir, ich bin nicht mein Körper, ich bin nicht meine Gefühle, ich bin nicht mein Verstand; ich bin ewig unsterblich und unendlich, und was ich bin, ist voller Schönheit und Stärke; es gibt nichts, was ich nicht lernen kann zu steuern.«

Es gibt verschiedenartige Wege, wie Sie lernen können, Ihren Körper zu kennen und zu steuern: Yoga, Körperübungen, Meditation, still sitzen, spazierengehen in der Stille, fasten, sich reinigen und studieren. Wählen Sie den Weg, den sie gehen möchten, egal welchen – aber wählen Sie *einen*, denn es ist wichtig für Sie zu wissen, was Sie tun.

Als Spaß lassen Sie das Buch beiseite und legen Sie jetzt einen Finger *genau* auf Ihre Bauchspeicheldrüse. Wenn Sie nicht sicher sind, wo sie ist, dann legen Sie den Finger dorthin, wo Sie sie vermuten. Dann besorgen Sie sich ein Anatomiebuch, und wahrscheinlich werden Sie lachen. Denn ein großer Prozentsatz von denen, die ich fragte, hatten keine Ahnung, wo sie ist und welche Funktion sie hat. Kürzlich in einem Seminar legte eine Dame ihren Finger hinter ihr rechtes Ohr! (Nur zu Ihrer Information: Die Bauchspeicheldrüse liegt unter dem Magen und reicht vom Zwölffingerdarm bis zur Milz.)

Diese kleine Übung ist wichtig, denn sie zeigt, daß die meisten Menschen nur wenig über den Körper wissen, in dem sie leben. Folglich, wenn etwas nicht mehr funktioniert, dann reagiert ihr Verstand mit Angst, geschürt durch Unwissenheit. Jeder Schmerz wird für sie zu einem Trauma statt zu einem Zeichen, mit der angemessenen Selbstheilung zu beginnen. Wenn Sie einmal wissen, wie Ihr Körper arbeitet, welche Vitamine und Mineralien er braucht, wie die einzelnen Teile zusammenarbeiten, dann sind Sie fähig, um sich herum eine Kraft der Zuversicht aufzurichten. Diese Kraft gibt Ihnen die Sicherheit zu fühlen, daß Sie Ihren Körper kontrollieren, nicht Ärzte, Medikamente oder eine äußere Macht; daß Sie die Kraft haben zu heilen, unter welchen Umständen auch immer – und so können sie ohne Furcht leben.

Haben sie diese Tatsache einmal festgelegt, können Sie sich anderen Dingen zuwenden. Aber es ist schwierig, vollkommene Kontrolle auszuüben, wenn Sie glauben, Ihre Bauchspeicheldrüse liegt hinter dem Ohr.

Nehmen Sie sich Zeit, sich selbst physiologisch zu verstehen, Ihre Verdauung, den Zwölffingerdarm, die Bauchspeicheldrüse, den Dickdarm, die Gallenblase, die Leber, die Nieren. Wie arbeiten die verschiedenen Systeme Ihres Körpers? Wie fließt Ihr Blut? Wie wird die Energie durch Ihr Nervensystem geleitet? Woraus bilden sich gesunde Zähne, Haare, Zahnfleisch, Augen und so weiter? Wenn Sie die Natur Ihres Fahrzeugs kennen, sind Sie in der Lage, es zu steuern.

Als nächstes machen Sie sich wirklich klar, daß Sie nicht Ihr Körper sind, sondern die Energie Ihres *Höheren Selbst*, ein Teil der Gotteskraft. Sie sind jetzt in diesem Körper, *weil Sie ihn sich ausgewählt haben*, und was aus ihm geworden ist, ist nicht der Wille Gottes. Er ist das, was Sie bis jetzt durch Ihre Gedankenmuster und Erfahrungen geschaffen haben. Es gibt nichts, was Sie nicht rückgängig machen können – aber manchmal finden sich die Menschen in ihren Gewohnheiten gefangen. Sie können jemand dazu anregen, auf Salz zu verzichten, und er gibt sich dann vielleicht mit sechs Tüten salziger Kartoffelchips am Tag zufrieden; dann fragt er sich, warum das Universum ihn bestraft, wenn die Dinge auseinanderfallen – so läuft's eben bei ganz gewöhnlichen Sterblichen.

Der Weg verlangt besondere Hingabe. Er verlangt, daß Sie absolute Kontrolle ausüben, denn wenn Ihre Energie sich erhöht, wird der Weg schmaler: Der kleinste Fehltritt und Sie könnten aus großer Höhe abstürzen. Es gibt keine Grauzonen. Entweder haben Sie die Kontrolle, oder Sie haben sie nicht, und die Urkraft, vollkommen unparteiisch wie sie ist, kümmert sich nicht darum. Die Geschichte der Menschheit ist voll von Erzählungen, daß Menschen fühlten, Gott oder irgend etwas würde sie in letzter Minute retten. Wo sind sie? Sie sind in der nächsten Dimension mit einem anderen Verständnis.

Wenn Sie mehr werden wollen, als Sie jetzt sind, dann müssen Sie diese Aufgabe im Frontalangriff angehen. Diese Haltung der Selbstbestimmung ist »Der Pfad der Kraft« oder »Der Weg des Kriegers«. Das sind vielleicht gefühlsbeladene Begriffe, aber Sie brauchen Kraft, um die Nötigung Ihres Verstandes zu durchbrechen, und die Kontrolle des Körpers ist der erste Schritt auf Ihrer Reise.

Wenn Sie eimal diese Kontrolle haben, betreten Sie automatisch eine exklusive Dimension, denn die äußere Welt weiß wenig über Ausgewogenheit, und Ihre Energie wird so zu einem Teil des Universums, wo die Urkraft zu spüren ist, und das wird andere Menschen anziehen. Die meisten Menschen führen ein nichtssagendes Leben, sie sind wie Quallen in einer Pfütze, sie gehen nirgendwo hin, und eines Tages trocknet die Pfütze aus, und sie verlassen die physische Ebene. Durch Kontrolle Ihres Körpers heben Sie ihre Qualle aus der Pfütze in einen Teich und von dort hinaus ins Meer, das hier für den Energieausdruck der Urkraft steht.

Die nächste Disziplin, die Disziplin der Ernährung, steht in enger Beziehung zur ersten. Denn alles, was Sie werden wollen, müssen Sie durch Ihren Körper werden, und Ihr Körper muß essen. Es gibt keinen schnelleren Weg, Ihr Energieniveau zu heben, als gute Eßgewohnheiten zu entwickeln. Nahrungsmittel wie Salz, Zucker und nicht vollwertige Produkte haben die Eigenschaft, Energie zu reduzieren, wohingegen andere, wie Obst und Gemüse, sie anheben. Durch Konzentration auf die Kontrolle Ihres Körpers werden die Nahrungsbedürfnisse klar ersichtlich, und allmählich werden Sie Ihr eigener Heiler.

Aber der Heilungsprozeß kann nicht einsetzen, solange Sie nicht für ein alkalisches Gleichgewicht Ihrer Nahrung sorgen. Wenn Ihre Nahrung zu sauer ist und Sie Unmengen essen, hat Ihr Körper keine Chance, sich selbst zu erneuern und zu heilen. Er baut vielmehr allmählich ab. Eiweiß, Alkohol, Nüsse, Körner und Milchprodukte (außer Joghurt) sind neben Salz und Zucker saure Nahrungsmittel. Obst, Gemüse und die meisten Säfte sind alkalisch. Um ein optimales Gleichgewicht zu erreichen, brauchen Sie zu 80 Prozent alkalische Nahrung. Das bedeutet, daß Sie sich auf Obst und rohes Gemüse konzentrieren und Eiweiß nur in kleinen Mengen zu sich nehmen, wenn Sie besonders viel Energie brauchen. Ein Mensch, der sein Leben unter Kontrolle hat, braucht nur 50 Gramm Eiweiß pro Tag; das kann aus 200 Gramm Fleisch oder einem vegetarischen Äquivalent oder bis zu 1000 Gramm Joghurt bestehen. Der Rest Ihrer Nahrung sollte alkalisch sein.

Es gibt einige Ausnahmen. Zum Beispiel, wenn Sie eine sehr anstrengende Beschäftigung oder eine mit körperlichem Einsatz haben, dann brauchen Sie mehr als 50 Gramm Eiweiß pro Tag. Es gibt viele Bücher über Ernährung, und je mehr Sie darüber wissen, eine um so bessere Kontrolle haben Sie. Die meisten Menschen essen normalerweise zu sauer, und das bildet einen Nährboden für Krankheiten.

Es gibt leider kaum Konserven, abgepackte oder in Flaschen gefüllte Lebensmittel, die weder Zucker noch Salz enthalten. Zucker soll Ihre Gefühle ansprechen, Salz dient der Konservierung und wirkt auch dann noch in diesem Sinn, wenn verdaut werden soll. So behandelte Nahrung neigt dazu, zu lange im Körper zu bleiben, sie wird nicht richtig verdaut, sie verfault und kann so Krankheiten verursachen. Vielleicht finden Sie es notwendig, den Kauf von Nahrungsmitteln dieser Art aufzugeben und sich mehr auf Obst, Gemüse, Getreide und unverpackte Lebensmittel zu verlassen. Die Zubereitung solcher Nahrungsmittel ist ein bißchen aufwendiger, aber Sie müssen sich entscheiden. In jedem Augenblick Ihres Lebens treffen Sie Entscheidungen, die Ihre Entwicklung beeinflussen, und die Gesamtheit dieser Entscheidungen zeigt sich in Ihren Lebensumständen. Was Sie essen, daraus entsteht Ihr Körper. Je mehr Sie sich frischer Nahrung, die Lebenskraft in sich hat, zuwenden, desto mehr Energie werden Sie haben. In einer Pizza ist wenig Lebenskraft: Traurig, aber wahr!

Zusammenfassend gesagt, ist es am besten, bei alkalischer Ernährung zu bleiben, vermeiden Sie Zucker und Salz, und wenn Sie ihn nicht durch Alkohol, Zigaretten oder Drogen mißbrauchen, wird sich Ihr Körper selbst heilen, und mit der größer werdenden Energie werden Schmerzen und Beschwerden verschwinden. Das braucht Zeit. Oft resultiert ein schlechter Gesundheitszustand aus zehntausenden unausgewogenen Mahlzeiten, und das läßt sich nicht an einem Tag rückgängig machen. Sie müssen Geduld mit sich haben.

Wenn Sie einmal auf dem Weg sind, Ihren Körper kennengelernt und Verantwortung für ihn übernommen haben, dann sind Sie bereit für die dritte Disziplin, die Disziplin der Gefühle. Das folgt automatisch. Sobald Sie an Ihrem Körper und Ihrer Ernährung arbeiten und anfangen, sich von der Derbheit des Physischen zu entfernen, wird Ihr Verstand emotional reagieren, und geistige Disziplin ist die schwierigste von allen. Sie glauben, Sie hätten Ihre Energie unter Kontrolle, doch dann taucht plötzlich Ärger auf, und alles fällt auseinander.

Der Grund ist, daß Ihr Verstand ein bestimmtes Verhalten hat. Er hält Ereignisse und Bedingungen für real und handelt entsprechend. Wenn Ihre Energie sinkt, dann wird er launisch und streitsüchtig und stellt unvernünftige Forderungen auf. Was auf der Energieebene vor sich geht, ist, daß sich der orangefarbene oder emotionelle Teil Ihrer Aura in den roten (physischen) einhakt und der gelbe (geistige) tut es auf beiden Seiten. Sie haben physische Reaktionen, und Ihr Verstand spielt verrückt; Sie hadern mit sich und der Welt.

Der Schlüssel zum Aufrechterhalten der Kontrolle ist, einen Teil jeden Tages vollkommen allein zu verbringen; nutzen Sie die Zeit, Ihre Gefühle und Sorgen anzuschauen, lassen Sie zu, daß sich ein emotioneller Reifungsprozeß entwickelt, wobei Sie im Innersten verstehen, daß nichts wirklich ist, daß es keinen Tod gibt und daß alles Entwicklung ist. Das wird Ihnen Abstand von der emotionellen Stoßkraft der Ereignisse geben, und Sie werden eine Kraft fühlen, die Sie über die alltäglichen Kämpfe hinausführt. Wenn andere Sie aus dem Gleichgewicht bringen, ist es Ihre Verantwortung, wegzugehen, jedoch immer die Kontrolle aufrechtzuerhalten. Es ist ganz besonders wichtig, Konfrontation zu vermeiden, denn Ihr Leben ist wie ein Stück Holz, das den Fluß hinuntertreibt, sich verfängt im Gestrüpp von Zank und Streit, so daß Ihr Fortschreiten steckenbleibt. Die alten Weisen des Tao, die diesen Energiefluß verstanden, lehrten ihre Schüler, Konfrontation zu vermeiden, diese schürt das Ego und stärkt den Einfluß des Unterbewußtseins auf Ihre Angelegenheiten. Der Weise geht weiter, der Narr bleibt und kämpft.

Wenn jemand etwas von Ihnen will, geben Sie es ihm oder ihr. Das ist der Fluß des Universums, denn wenn Sie so handeln, halten Sie nicht inne, Ihre Energie fließt und hilft Ihnen, offen zu bleiben, um von anderen Ebenen zu empfangen. Haben Sie eine unausgeglichene Beziehung, bringen Sie sie in Ordnung, wenn Sie das nicht können, gehen Sie weg. Wenn Sie wegen Geldmangels gehindert werden, vertrauen Sie auf die Urkraft und gehen weiter auf Ihr Ziel zu. Im Fluß zu sein ist: Sind Sie im Gleichgewicht mit sich selbst, kann die Urkraft mit Ihnen arbeiten, alles in Ihrem Leben wird gestützt, und immer gibt es Gelegenheiten zu wachsen, und die Menschen werden auf Sie zukommen.

Hier ist eine Übung, die Sie vielleicht ausprobieren möchten. Stehen Sie auf bei Sonnenaufgang und gehen Sie eine Stunde lang draußen spazieren, überdenken Sie im Stillen alle Dinge, die Sie beschäftigen. Gegen Ende des Spaziergangs wählen Sie einen großen, mächtigen Baum. Lehnen Sie sich mit dem Rücken an den Baum und legen sie Ihre Hände hinter Ihrem Rücken an ihn. Atmen Sie tief durch und entspannen Sie Ihren ganzen Körper. Beginnen Sie, die spirituelle Entwicklung der Natur anzuerkennen. Atmen Sie noch einmal durch und während Sie ausatmen, sagen Sie: »Möge der Lebendige Geist den Geistern der Natur Entwicklung gewähren.« Machen Sie nochmals einen tiefen Atemzug, und wiederholen Sie Ihre Anrufung für die Geister des Feuers, der Luft und des Wassers. Auf diese Weise festigen Sie Kommunikation mit Ihrem naturverbundenen Selbst, und wenn Sie sensitiv sind, werden Sie die Antwort der Elemente spüren.

Spüren Sie dann, wie die Energie des Baumes durch den Stamm in Ihren Körper fließt. Wenn Sie so visualisieren, fühlen Sie vielleicht eine leichtwiegende Bewegung Ihrer eigenen Energie. Wenn Sie sensitiv sind, werden Sie tatsächlich fühlen, wie die Kraft des Baumes Ihre Energie metaphysisch reinigt, denn die Natur absorbiert Gefühl. Nach einigen Augenblicken hört die Bewegung auf, und Sie werden nicht mehr aufnehmen können. Geben Sie dem Baum und der Kraft der Natur Ihre Anerkennung, und machen Sie sich bewußt, daß umgekehrt Ihre Kraft dem Baum und der Natur hilft, sich zu entfalten; so gibt es auf mystischer Ebene einen gegenseitigen Austausch. Gehen Sie still nach Hause.

Spannung baut sich nur auf, wenn Ihr Verstand nicht loslassen kann. Indem Sie sich durch Stille und Natur erfrischen, beleben Sie Ihr *inneres* Du. Tagesanbruch ist Ihre stärkste Stunde. Wenn Sie rechtzeitig aufstehen können, um den Tag zu beginnen, erarbeiten Sie sich eine Disziplin, die Sie nutzen können, um die Kontrolle zu festigen. Nehmen Sie sich vierundzwanzig Minuten Zeit, eine für jede Stunde des Tages, um entweder zu meditieren oder in der Stille zu gehen, aber allein. Nutzen Sie diese Zeit, um sich in den Tag hineinzudenken. Durch Zentrieren Ihres Geistes tritt die Kraft aus Ihrem *Höheren Selbst* und umgibt die Ereignisse des Tages – gleichsam als spiritueller Vorreiter –

und belebt die Energie vor Ihnen. Visualisieren Sie den Tag fließend in Energie, sehen Sie die Menschen vor sich, die Sie treffen werden, wie sie positiv auf Sie eingehen, sehen Sie Ihren Körper voll Kraft und Gesundheit, sehen Sie den Tag in seiner kreativen Pracht, sehen Sie Schönheit in allen Dingen. Lassen Sie alle emotionellen Dinge des vergangenen Tages los, nehmen Sie sich Zeit, Ihr *inneres* Ich wirklich zu fühlen. Sagen Sie mit Ihren eigenen Worten: »Heute ist ein wunderschöner Tag. Was ich bin, bestimme ich selbst, und was ich bin, ist voller Schönheit und Stärke, alles, was ich zu mir ziehe, dient meiner höchsten Entwicklung und ist zu meinem Besten.«

Zuletzt sollten in Ihr tägliches Programm auch körperliche Übungen mit eingeschlossen werden, zum Beispiel zwanzig Minuten Aerobic, um Ihren Kreislauf anzutreiben. Das wird Ihnen auch helfen, Ihre Gefühle zu kontrollieren, denn solche Übungen produzieren im Gehirn chemische Substanzen – Endorphine – die Sie auf natürliche Weise entspannen.

Wenn Sie so Ihren Tag planen, bevor der Rest der Welt aufgestanden ist, schaffen Sie Energie, die durch die Negativität anderer nicht erdrückt werden kann. Bei Anwendung dieser Technik werden Sie merken, wie Ärger, Ansichten, personelle Zänkereien wegfallen, da die anderen ein Gespür für Ihre unsichtbare Kraft bekommen. Je mehr Sie diese Kraft ausdrücken, desto intensiver werden Sie ein *inneres Wissen* spüren, das Sie lehrt, sich jenseits der irdischen Ebene zu entfalten.

Das Verlassen der irdischen Ebene und Eintreten in Dimensionen jenseits der fünf Sinne ohne wirklich zu sterben, wird durch die vierte Disziplin erreicht, die Disziplin des inneren Gleichgewichts (der Ausgewogenheit). Sie erlaubt Ihnen, in der Welt zu leben, ohne ein Teil von ihr zu sein und gibt Ihnen die Freiheit, auf höheren Ebenen der Wahrnehmung tätig zu sein; denn die Dimension, die Sie anstreben, ist in vollkommenem Gleichgewicht und wird sich nicht öffnen, wenn das, was Sie sind, in Stücke zerfällt.

Nachdem Sie den Körper, die Ernährung und Ihre Gefühle mit Disziplin meistern, brauchen Sie eine feinere Einstimmung. Eine Meditation, vierundzwanzig Minuten täglich, gibt Ihnen inneres Gleichgewicht. Eine tägliche Acht-Stunden-Meditation würde es stören. Spirituelles Wachstum heißt nicht, sich aus dem Leben zurückziehen, sondern die Kraft in Ihnen muß entwikkelt und dann auf einem bestimmten Weg ausgedrückt werden. Sie sind hier, um Leben zu erfahren, nicht, um vor ihm wegzulaufen. Es ist gut, sich daran zu erinnern, daß die Energie sehr sorgfältig ausbalanciert werden muß, und wenn sie höher wird und Ihre Wahrnehmung wächst, dann müssen Sie diese empfindsame Linie schützen.

Alles, was Sie umgibt, hat Energie, sie ist entweder alkalisch, sauer oder neutral. Ihr Leben sollte wie Ihre Nahrung sein, ungefähr 80 Prozent alkalisch. Natürlich werden Sie ein wenig Säure zum Ausgleich brauchen, aber davon bekommen Sie mehr als genug, wenn Sie durch die Straßen einer Stadt gehen oder sich mit alltäglichen Gedankenformen beschäftigen.

Das Alkalische schafft eine geistesverwandte Energie um Sie, die Ihrem Führer eine freiere Kommunikation mit Ihnen erlaubt, und gleichzeitig hilft er Ihrem Körper, sich selbst zu heilen. Schauen Sie Ihr Leben an und sorgen Sie für Ausgewogenheit in allem, was Sie umgibt – nicht nur in dem, was Sie essen, auch in Ihrem

Umgang mit anderen Menschen, in den Orten, die Sie aufsuchen, in den Farben und dem Material Ihrer Umgebung, in Ihrer Unterhaltung, die Ihnen Freude macht, und in der Musik, die Sie hören. All das hat alkalische oder saure Eigenschaften, und es ist einfach, das zu erkennen.

Fragen Sie sich selbst, ist Petersilie alkalisch oder sauer, ist Kaffee sauer oder alkalisch? Die Antworten kommen von selbst. Wie ist es bei den Farben? Ist Rot sauer? Ganz sicher, genau wie Orange, Gelb und Schwarz. Diese Farben können Sie benutzen, um Akzente zu setzen, aber sie sollten in Ihrer Wohnung und bei Ihrer Kleidung nicht vorherrschen. Rot, Orange und Gelb binden Sie an physische, emotionelle und mentale Energien, und wenn Sie sich spirituell auf die Urkraft einstimmen, versuchen Sie damit, über diese Bereiche hinauszugehen. Schwarz ist die Farbe der Evolution, eine nach innen gerichtete Energie, die nicht negativ ist, die aber grundsätzlich zu sich selbst zurückführt. Diese Farbe ist für diejenigen attraktiv, die mit Negativität und Gewalt zu tun haben, denn solche Leute projizieren Angst, und mit Hilfe von Schwarz können sie die Reaktion anderer Menschen spüren, und das gibt ihnen ein Gefühl der Macht über andere. Möglicherweise führt das zu Schwierigkeiten, denn die Negativität kommt immer wieder zu ihnen zurück, baut sich auf und manifestiert sich eines Tages in einem schrecklichen Ereignis. Viele Anhänger der Schwarzen Magie können die Energie, die sie schaffen, nicht wieder auflösen und finden oft ein grausiges Ende. Andere, die Schwarz bevorzugen, sind die Liebesdienerinnen, denen es darauf ankommt, die sexuellen Reaktionen ihrer Kunden zu spüren; sie tragen Schwarz, um anzulokken. Schwarz ist weder gut noch schlecht, es fällt nur auf sich selbst zurück. Deshalb sollte man es nur selten benützen oder tragen.

Grün ist neutral und passiv, sehr entspannend. Früher war die Rückwand der Theaterbühne grün gestrichen, um die Schauspieler vor dem Auftritt zu beruhigen. Manchmal spricht man noch von dem »grünen Raum«, auch wenn er eine andere Farbe hat. Grün hat die beruhigende Wirkung der Natur. Blau, Indigo und Violett sind alkalisch, denn sie helfen Ihnen, mit Ihrem *Höheren Selbst* in Berührung zu kommen. Weiß ist ebenfalls alkalisch und eine gute Farbe. Sie sollten sie tragen, wenn Sie mit vielen Menschen zu tun haben; es schützt vor ihrer Energie und wirft Negativität oder gestörtes Gleichgewicht, sollte es gegen Sie gerichtet sein, zurück. Die meisten Pastellfarben sind alkalisch, denn sie sind sehr sanft, und auch wenn sie in Richtung der physischen, emotionellen oder mentalen Farben gehen, drücken sie Licht und Farbe in zurückhaltender Schönheit aus.

Stoffe sind leicht zu unterscheiden. Baumwolle, Wolle, Seide und andere natürliche Gewebe sind alkalisch, während Kunstfasern wie Polyester und Rayon sauer sind, sie sind elektrisch sehr aufgeladen und schwächen allmählich Ihre Energie, ähnlich wie Neonlicht.

Das Prinzip der Balance gilt auch für Musik. Rock an' Roll – sauer oder alkalisch? Debussy's »Clair de Lune« – alkalisch oder sauer? Das ist nicht schwierig. Im Grunde sind Rock, Soul und Jazz sauer, während klassische Musik im allgemeinen alkalisch ist. Anders ist das bei einer Oper, manchmal ist sie sehr sauer und gefühlvoll und manchmal voller Inspiration und alkalisch, je nach Tonart des Stückes. Und wie würden Sie

Country- und Western-Musik einschätzen? Mit der Antwort »sauer« liegen Sie richtig. Meistens erzählt die Musik eine Geschichte; der Held wird mit seinem Leben nicht fertig, sein Pferd ist umgekommen, seine Liebste zog's in die Stadt – Gefühle, die in der Musik die Farbe Orange ausdrücken; Energie dieser Art bindet Sie an die unteren Lebensmuster. Und hier müssen Sie auf der Hut sein. Wenn an Ihrem Arbeitsplatz dauernd Rockmusik gespielt wird, dann wird es Ihnen schwerfallen, im Lot zu bleiben; die Musik stößt ständig ihre Farben Rot und Orange aus, Sie können sich nicht entspannen, und nach einer Weile werden Sie unfähig sein, Ihre innere Stärke auszugleichen.

Wenn Sie Ihrer Umgebung gegenüber sensitiv sind, dann hilft Ihnen das, eine Disziplin des Gleichgewichts zu schaffen und jede andere Disziplin, die Sie sich auf Ihrer inneren Suche auferlegen, wird Sie kräftigen. Natürlich ist solche Hingabe nicht zwingend, aber, wenn Sie ernsthaft über Ihre Alltagsrealität hinausgelangen wollen, müssen Sie für Ihre Umwelt sensitiv werden. Wenn Sie sich nicht sicher sind, ob etwas hilfreich und alkalisch ist, dann halten Sie sich an diesen Grundsatz: Wenn es physisch, emotionell oder mental ist, ist es wahrscheinlich sauer; ist es neutral, das heißt natürlich, philosophisch oder spirituell (nicht religiös), so ist es alkalisch, und es wird Ihnen helfen, zu sich selbst zu kommen. Durch diese Faustregel schaffen Sie die Kraft, alles, was Sie brauchen, an sich zu ziehen, und Sie werden die Urkraft in solcher Fülle zum Ausdruck bringen, daß sie ein Energiezentrum in sich selbst werden.

Dann verbinden Sich Ihre kreativen Möglichkeiten mit dem Urgesetz, und Ihr Leben wird zu einer eigenen

Spontanität; Geld wird da sein, wenn Sie es brauchen, Menschen unterstützen Ihr Tun und Möglichkeiten ergeben sich für Ihren nächsten Schritt. Zufällige Begegnungen, ungewöhnliche Geschehnisse – durch Ausgewogenheit werden Sie mit der Kraft des Universums verbunden, und Ihre Möglichkeiten sind grenzenlos.

Inneres Gleichgewicht erlaubt Ihnen, von Menschen, Politik, Angebot und Nachfrage unbeeinflußt zu bleiben. Ihre Energie existiert unabhängig von diesen, und der Zustand des Gleichgewichts verändert allmählich das, was Sie sind. Durch Ihre innere Größe ziehen Sie automatisch alles an sich, was Sie brauchen. Die Probleme der Welt bedrücken Sie nicht, denn Sie stehen darüber, beobachten das Leben vom Rande und geben damit den anderen Raum für ihre eigene Entwicklung, Sie verstehen, daß Sie sich selbst und der Welt mit Ihrer Hingabe innere Kraft geben. Es ist unmöglich, Ihren Einfluß auf andere Menschen zu ermessen, aber auf der metaphysischen Ebene tragen Ihre Anstrengungen zur Evolution der Welt bei, denn die höheren Kräfte benützen Ihre Energie, um die Welt weiter zu begeistern – zu inspirieren. Der Weise ist sich nie bewußt, wie seine Kraft bei anderen Veränderungen bewirkt, und das macht ihn zum Weisen.

Ihre Kraft kommt aus dem Wissen, daß die anderen da sein müssen, wo sie sind, und alles, was immer sie tun, dient ihrem höchsten Wachstum, und es ist nicht an Ihnen, das zu beurteilen. Durch vollkommenes Akzeptieren anderer Menschen Realität drücken Sie wahre universelle Liebe aus und unterstützen Ihren eigenen Fortschritt, wenn Sie sich nicht durch Urteilen an die niedrigere physische Ebene binden.

Negativität, Hunger, Umweltzerstörung, Atombombe, zwischenmenschlicher Hader sind alles Teil des Lehrplans der körperlichen Erfahrung – Sie werden das niemals ändern, noch niemand konnte das. Wenn Sie Beobachter sind, erheben Sie sich über den Morast des *Karmas*, und das gibt Ihnen die Freiheit, durch Ausgewogenheit einen Beitrag zu leisten. Es ist ein *innerer* Beitrag, der wenig verstanden wird und keine Anerkennung erhält, aber die Kraft ist da, und sie schafft Möglichkeiten nicht nur für Sie, auch für andere. Es ist eine sehr spezielle Kraft, sie ist Ihr Geschenk, Ihre Disziplin, Ihre Hingabe an die Urkraft.

Kampfgeist ist eine Falle. Sie können die Welt nicht hinter sich lassen, wenn Sie sich über sie ärgern. Wenn Ihr Bewußtsein erwacht, schauen Sie sich vielleicht um und sagen: »Diese Welt ist ein schrecklicher Ort. Ich muß das ändern. Schickt Reis zu den hungernden Millionen!« Das ist eine natürliche Reaktion, aber sie hindert Sie an einem umfassenden Überblick. Glauben Sie, daß die Urkraft, die höheren Führer und all die Kräfte, die die irdische Ebene überschauen, die Dinge nicht in einer Sekunde verändern könnten, wenn sie das wollten? Natürlich könnten sie das. Aber wenn sie das täten, dann gäbe es hier keine Erfahrung, keine Herausforderung zu meistern. Das wäre genau so, als ob der Seiltänzer sein Seil auf den Boden legte. Wer würde für das Zuschauen zahlen? Leiden gehört zum spirituellen Wachstum jedes Menschen. Sie sind selbst hindurchgegangen, vielleicht nicht in diesem Leben, aber in anderen. Es ist eine wertvolle Lektion, und diejenigen, die das körperlich erfahren, kommen dadurch weiter. Es ist für uns unmöglich, ein anderes Leben genau beurteilen zu können, denn wir kennen niemals alle Umstände, die das innere Sein dieses Menschen ausmachen, und wenn wir dort auf Einmischung bestehen, dann wird eines Tages jemand *unsere* Evolution stören. Wie oft haben Sie eine Sache angefangen und dann kam ein Wohlwollender, der sie Ihnen aus der Hand nahm und weitermachte, und am Ende stehen Sie mit einem grüngestrichenen Gartentor da, obwohl Sie nur die Türangel auswechseln wollten. Eine solche Frustration im kosmischen Sinn erlebt die Welt heute, wenn die Verbesserer die Lebensbedingungen der Menschen so verändern, wie es zu ihrer Sicht der Dinge paßt. Wenn Sie die Welt verändern wollen, verändern Sie sich selbst, dann werden sich andere zu Ihnen hingezogen fühlen und sich selbst ändern, und so wird allmählich ein gegenseitiges Verständnis entstehen. Denn Beobachten bedeutet Kraft, Beurteilen ist Schwäche.

Wenn Sie Disziplin entwickeln und sie für eine Weile aufrechterhalten, wird die Energie Ihrer Führer und Ihres *Höheren Selbst* wirklich zu fließen beginnen – Sie werden ihre Anwesenheit spüren. Es ist keine Stimme von oben, sondern eine innere Kommunikation. Und es wird für Sie wichtig sein, diesen Botschaften zu vertrauen. Der Unterschied zwischen einem Weisen und einem gewöhnlich Sterblichen ist: Wenn ersterer eine Botschaft von innen erhält, handelt er, während letzterer denkt, er hört nicht recht. Im Fluß der Urkraft und als Teil von ihr werden sie sensitiv für innere Eingebungen. Und obwohl es nur flüchtige Eindrücke sind: Je mehr Sie diesen Kontakt zur Kennntis nehmen, um so mehr wird Sie Ihr geistiger Führer fördern.

Eines Nachts, vor einigen Jahren, lag ich im Bett nach einem sehr langen Tag; vor meinem inneren Auge tauchte ein Symbol auf und sagte: »Steh auf und sei um Mitternacht am Wasserfall in den Bergen.« Ich hatte nicht die geringste Lust, mich nur zu bewegen. Ich war müde, und der Wasserfall war 60 Kilometer entfernt. Ich lag da und wollte das Ganze am liebsten ignorieren, aber es schien wichtig zu sein, und so zwang ich mich loszufahren. Der Wasserfall lag einen Kilometer von der Straße entfernt, als ich hinaufstieg, taten mir alle Glieder weh, und das Heulen der Bergtiere ängstigte mich. Ich sage »Bergtiere«. Als Stadtmensch hatte ich keine Ahnung, was für Tiere das waren. Aber ich weiß, daß Tiere etwas wollen, wenn sie heulen, und ich hatte das Gefühl, als wäre ich das einzige »Etwas« weit und breit. Ich versuchte, schneller zu laufen, aber in der Dunkelheit stolperte ich dauernd und fiel hin. Ich wäre gern liegengeblieben, aber die Angst und die Kälte trieben mich weiter wie eine kosmische Peitsche.

Fünf Minuten vor Mitternacht kam ich zum Wasserfall und setzte mich auf einen flachen Stein am Wasser. Der Eindruck war überwältigend, und das Mondlicht tauchte die ganze Szenerie in ein unwirkliches phosphoreszierendes Licht. Als ich so dasaß und wartete, mußte ich lächeln bei dem Gedanken, wie sehr sich mein Leben in den letzten Jahren verändert hatte. Genau um Mitternacht spürte ich, wie sich intensive Energie um mich sammelte, unsichtbar, aber kraftvoll. Meine Ehrfurcht davor hielt mich fest, und obwohl ich voll Scheu war, hatte ich doch keine Angst, denn ich wußte, daß diese Energie mir gut gesonnen war. Sie begann mir die Bedeutung bestimmter Ereignisse in meinem Leben, an denen ich seit Jahren rätselte, zu erklären, und sie machte mir Vorhersagen für die Zukunft. Die Art, wie die Energie mit mir in Verbindung trat, war eine Form der »Gedankenübertragung«. Es war eine Kraft, deren Botschaft ich gleichzeitig in mir und außerhalb empfing. Ich konnte nicht unterscheiden, ob es sich um eine Art »intensiven inneren Dialog« handelte oder ob ich wirklich Worte hörte. Für Augenblicke machte ich die Erfahrung, Teil aller Dinge zu sein. Ich und die Energie waren gleichzeitig eins und getrennt.

Die Energie gab mir spezielle Anweisungen und schlug mir vor, in eine nahegelegene Stadt zu ziehen. Dort sollte ich Kontakt zu einer alten Dame aufnehmen, die dort lebte und ihr bei allem was sie brauchte, behilflich sein.

Auf der Rückfahrt von den Bergen dachte ich über die Bedeutung der alten Dame nach. Jedenfalls sind meine Frau und ich am nächsten Tag in die Stadt gezogen und haben, wie vorgeschlagen, den Kontakt aufgenommen. Die alte Dame sagte mir, daß sie mich schon erwartet hätte; sie war gerade dabei, eine kleine religiöse Gemeinschaft zu gründen, und ich sollte ihr helfen, ihr Vorhaben in Gang zu bringen. Ich willigte ein, Präsident zu werden, und meine Frau spielte die Orgel. Wir hatten beide keine Ahnung von den Glaubensvorstellungen dieser Gemeinschaft, aber das spielte keine Rolle, wir folgten den Anweisungen.

Ich brauchte zwei Jahre, um die Bedeutung der Beziehung zu der alten Dame und ihrer Kirche zu entdekken. Jedoch durch die Beziehung zu ihr gingen meine Frau und ich nach Europa und nahmen dort eine metaphysiche Aufgabe an, die uns mehr bedeutete als alles andere, was wir bisher erlebt hatten. Wären wir nicht in diese kleine Stadt gezogen und hätten diese Verbindung aufgenommen, wären wir einem anderen Lebensmuster gefolgt und unser Schicksal würde vielleicht noch in alten Energiebahnen verlaufen.

Es ist wichtig für Sie zu glauben, was Sie hören und fühlen. Intuition ist eine große Kraft, darin teilt sich das *Höhere Selbst* mit und zeigt Ihnen Ihren Weg. Es ist die Stimme, die zu Ihnen beim Betreten des Flugzeugs sagt: »Setz dich dorthin.« Sie sitzen dann neben jemand, auf dessen Bekanntschaft Sie seit zehn Jahren gewartet haben. Intuition ist eine Kraft, die Ihnen vorauseilt, Ihnen Türen öffnet und den Weg bereitet, aber losgehen müssen Sie schon selbst. Sie ist da und führt Sie, jeder hat das hie und da schon erlebt. Wenn Sie sich Ihrem Führer öffnen, dann schmieden Sie ein dauerhaftes Band, eine Verbindung, die Ihnen erlaubt, andere Ebenen der Existenz bewußt wahrzunehmen.

Diese Wahrnehmung ist keine Stimme vom Himmel. Es ist ein innerer Kontakt, der sehr viel schneller vibriert, als Sie es gewöhnt sind. Deshalb nehmen Sie ihn gewöhnlich nicht wahr. Allmählich, wenn Ihre Energie größer wird, fangen Sie an zu hören, zu sehen und fühlen die Kommunikation stärker. Das geschieht nicht über Nacht, und Ihre Fortschritte hängen davon ab, wie gut Sie die vier Disziplinen in Ihr Leben integrieren.

Haben Sie einmal Disziplin und Ausgewogenheit gemeistert, können Sie sich mit der Art der Kommunikation vertraut machen. Da Ihr ganzes Leben ein Symbol ist, ein gleichzeitiges Zusammenspiel innerer Energien, kann diese Kommunikation von überall herkommen. Wenn Sie Ihre Energie anheben, dann bewegt sich die Übereinstimmung und das Zusammenspiel immer schneller, und Sie verbinden Ihr Bewußtsein automatisch mit allem, was um Sie ist.

Zwölf Enten, die mit dem Kopf nach unten von Norden nach Süden fliegen, sind für den Mann auf der

Straße ohne Bedeutung, aber für Sie könnte das die Antwort auf eine sehr wichtige Frage sein. Vor ein paar Jahren war ich in einer schwierigen finanziellen Situation. Ich hatte die Wahl, weniger Geld zu bekommen, als ich haben wollte und damit aus einer Sache auszusteigen; oder auszuhalten, auf mehr zu hoffen und dazubleiben. Am Strand spazierend überlegte ich die Sache, als ich auf eine Kinderspielkarte stieß, die am Boden lag. Ich hob sie auf und sah auf der einen Seite ein gewöhnliches geometrisches Muster und auf der anderen Seite die Zahl acht. In meinem Unterbewußtsein steht die Zahl acht für *ogdoad*, ein Symbol für Geld in der Numerologie des Pythagoras. Ich war erfreut über meinen Fund und nahm die Karte als ein Zeichen, das Geld anzunehmen und aus dem Projekt auszusteigen, was sich als richtige Entscheidung herausstellte.

Jetzt sagen die Leute vielleicht, daß es eben nur ein Zufall war, und für manche wird das stimmen. Aber einmal im Fluß, sind Sie unlöslich mit dem gesamten Kosmos verbunden und nichts, aber auch gar nichts ist zufällig. Überall gibt es Zeichen und Lehren; in dem, was die Leute sagen, so wie sich die Lebensumstände zeigen, in den Dingen, die Sie täglich sehen.

Das *Höhere Selbst* ist einfühlsam. Es schlägt Ihnen kein Brett auf den Kopf. Es erlaubt Ihnen schrittweises Wachstum, indem Sie ein immer tieferes Verständnis für die Welt um sich herum entdecken. Dimensionen sind innen. Sie öffnen sich für die Energie wie jene chinesischen Puppen, die man auseinandernehmen kann, um dann darin wieder eine Puppe zu finden und so fort. Dimensionen sind ein grenzenloser innerer Raum und das einzige, was Sie von der Erfahrung dieser Dimensionen trennt, ist die Unvereinbarkeit Ihrer

Energie mit der Dimension, die Sie erfahren möchten. Denn Dimensionen durchdringen physische Realität und obwohl Sie ihrer vielleicht nicht gewahr werden, der Weise neben Ihnen könnte es.

Ihr Verstand blockt es ab. Er steht zwischen Ihnen und dem Glanz der kosmischen Erfahrung. Aber er hat auch eine lebenswichtige Aufgabe, denn ohne seine Begrenzungen und die seiner körperlichen Behausung, dem Gehirn, würden Sie die hereinkommenden Sinneseindrücke überschwemmen. Ihr Gehirn wirkt als Filter, es hält Sie lange genug auf der physischen Ebene, so daß Sie sie erfahren können. Wenn der Zyklus Ihres irdischen Lebens zu Ende geht, dann wird der Verstand vom Gehirn befreit und hat weniger Macht, Sie einzuschränken. Sie werden Ihr *Höheres Selbst* entdecken und sich auf und davon machen. Diese Kraft wartet auf Sie, und ganz gleich, auf welchem Entwicklungsstand Sie sich befinden, ob Weiser oder Novize, es liegt noch mehr vor Ihnen. Wenn Sie stillstehen und denken, Sie hätten genug getan, dann ist es offensichtlich nicht genug. Hüten Sie sich vor Lehrern, die verkünden: »Ich habe den wunderbaren kosmischen Weg entdeckt, folget mir.« Diejenigen, die das sagen, haben ihn nicht gefunden, und Sie können die Dimension Ihres *Höheren Selbst* nicht erreichen, indem Sie einem Glaubensbekenntnis oder einem Energiemuster folgen, das aus dem Unterbewußtsein eines anderen Menschen, ganz gleich, wer das ist, stammt. Ob richtig oder falsch, Sie müssen es selbst finden: Ihr Leben, Ihre Entscheidungen, Ihre Erfahrung Ihrer Erlebnisse.

Es gibt ein Wort in der Philosophie des Tao: »Was ist, ist nicht, und was nicht ist, ist.« Das ist eine saubere Zusammenfassung für den Unterschied zwischen dem Leben in der physischen Welt mit dem Glauben, daß das, was Sie sehen, wirklich ist – und dem Sein in der *Illusion* des *Höheren Selbst*, was wahre Wirklichkeit ist. Wenn Sie in Ihrem *Höheren Selbst* sind, werden Sie entdecken, wie Sie Ihr eigenes Schicksal beeinflussen können, aber Sie können diese Ebene der metaphysischen Fähigkeiten nicht erreichen, indem Sie jemand nachlaufen. Sie müssen sich auf sich selbst beschränken, Ihre eigenen Eingebungen, Ihre eigenen inneren Botschaften empfangen, und Sie müssen das in der Stille tun. Oft werden diejenigen, die Sie hinter sich lassen, darauf reagieren. Sie wollen, daß Sie ihren Standpunkt billigen und ihr System unterstützen. Aber wenn Sie einmal in Ihrem *Höheren Selbst* sind, entwikkeln Sie eine eigene Unabhängigkeit. Wenn Sie dann allerdings zu einem kämpferischen Verhalten Zuflucht nehmen und das, was Sie hinter sich gelassen haben, verurteilen, wird die Gesellschaft über Sie herfallen; und vielleicht finden Sie sich dann als Folge davon in der nächsten Dimension wieder und erfahren dort Ihr *Höheres Selbst*.

Wir können nicht über das irdische Dasein hinausgehen, indem wir es kritisieren, denn es dient unserer Entwicklung wie alle Begrenzungen. Es hält uns lange genug, um uns selbst zu erfahren, wobei wir die wahre Natur der Freiheit begreifen. Das System dient denen, die heute in ihm leben, morgen werden sie darüber hinaustreten. Um über die irdische Ebene hinauszugelangen, müssen Sie fähig sein, sie anzunehmen, Sie müssen die Schönheit in ihr sehen, was immer sei und sie als vollkommen ansehen. Dann entwickeln Sie die spirituelle Reife, die Dinge so zu lassen, wie sie sind, zu verstehen, daß die Urkraft weiß, was sie tut, und daß

Schmerz, Leid und das Gefangensein des Körpers vorübergehende Zustände sind, die die Menschen tatsächlich für ihr spirituelles Wachstum brauchen.

Können Sie einmal einen Schritt zurücktreten und aufhören, andere zu beurteilen, ihnen erlauben, ohne Einmischung so zu sein, wie sie sind, und können Sie aufhören zu versuchen, sie zu retten (das Letzte, was sie brauchen, ist jemand, der sie rettet), dann sind Sie bereit, auf dem Weg der Disziplin das Physische hinter sich zu lassen. Diesen Prozeß können sie *vor* Ihrem Tod vollenden, und Ihre Wahrnehmung reicht im wahrsten Sinn des Wortes über das Physische hinaus, während Sie noch hier sind. Der Tod ist nicht der einzige Weg hinaus, aber nur wenige haben das für sich entdeckt. Die es entdeckt haben, reden nicht darüber.

Als Lots Frau zurückblickte auf Sodom und Gomorrha und sie in eine Salzsäule verwandelt wurde, bedeutet das, metaphysisch gesehen, wenn Sie sich mit dem Sinnlich-Physischen verbinden, wird Ihre Energie genauso grob wie das Sie Umgebende. Für den, der diese Geschichte schrieb, kam eine Salzsäule seiner Vorstellung von Körperlichkeit am nächsten, deshalb sagt er, daß Lots Frau zu einer Salzsäule verwandelt wurde. Er meint damit, daß ihre Energie so physisch war, daß sie nicht fähig war, höhere spirituelle Ebenen zu erfahren wie die anderen Mitglieder ihrer Gruppe. Man ließ sie zurück.

Die gleiche Situation wiederholt sich auf der Welt, denn jeder Mensch wählt diesen oder einen anderen Weg. Ein kurzer Aufenthalt in Sodom und Gomorrha wäre vielleicht genau das, was manche Leute brauchen, denn vielleicht müssen sie sich, kosmisch gesehen, auf der körperlichen Ebene austoben, sie müssen es schmecken, mißbrauchen, um dann ein Auseinanderfallen zu erleben. Wenn das dann vorbei ist, sind sie bereit für ein neues Experiment, einen neuen Anlauf, ihre Energie ins Lot zu bringen.

Das alles ist Teil des Verstehens der Urkraft und der Art, wie sie arbeitet; es gibt für das *Höhere Selbst* keinen besseren Weg, als auf die physische Ebene herunterzukommen und Erfahrungen zu sammeln. Deshalb ist das, was Sie jetzt gerade sind, so wichtig. Es ist ein Experiment mit höherer Energie; und alle Erfahrungen, die Sie jemals gemacht haben, sind Teil Ihres Lernmusters, das mit dem Tod nicht verschwindet, sondern allmählich verwandelt wird, damit Sie sich selbst in einer liebevolleren und schöneren Struktur verstehen können.

Deshalb gibt es auch im allumfassenden Sinn keine Sünde. Als das *Höhere Selbst* sich in verschiedene Erfahrungen teilte, wußte es, daß es auch die Möglichkeit von Einmischung, Begrenzung, Einschränkung, Streit, Urteilen und so weiter geben würde. Es nahm das in Kauf und sah es als Lehre, als praktische Übung für seine innere Energie an. Es gibt keine andere Bestrafung als Ihr eigenes Urteil über Ihr Tun und Nicht-Tun; wenn Sie gegen das Urgesetz verstoßen, erfahren Sie sofort Karma – Energie, die auf Sie zurückkommt. Vielleicht nicht sofort wegen des langsamen Schwingungsfeldes, in dem wir sind, aber im kosmischen Sinn geschieht es sofort. Tatsächlich wird Ihre Spiritualität durch Ihre Fähigkeit, hochherzig und offen für alles zu sein, gemessen und durch die Fähigkeit, diese grenzenlose Unendlichkeit in sich wahrhaft auszudrücken.

5

Die Liebe der Urkraft schenkt Freiheit

Als kleines Kind lehrte man mich, daß Gott mich liebte. Eines Tages fiel ich von einem Baum herunter und tat mir weh. Die Schmerzen dauerten, und eine Zeitlang konnte ich nicht verstehen, warum die Urkraft das zuließ. Jeder von uns hat das gleiche schon einmal erlebt. Als Kind fragte ich einen Geistlichen, was seiner Meinung nach die Antwort auf mein Dilemma sei, und ich war enttäuscht, daß er keine gute Antwort parat hatte. Er murmelte nur etwas vom Willen Gottes.

Versuchen Sie einmal, einem kleinen Jungen, der gerade von einem Baum gefallen ist, den Willen Gottes zu erklären. Ich erinnere mich, daß ich das alles für unfair hielt und die Antwort des Geistlichen nicht zufriedenstellend fand. Man hat uns beigebracht, daß die Urkraft uns liebt und wir das mit dem Chaos um uns in Einklang bringen müssen. Wir sehen, wie sich verschiedene religiöse Gruppen im Namen Gottes bekriegen und jeder die Urkraft für sich allein beansprucht, und wir fragen uns, was das dort für ein Gott sein muß, der das alles geschehen läßt.

Die Antwort liegt im tieferen Verständnis der Urkraft und der Art, wie Energie fließt. Die Urkraft liebt Sie. Aber diese Idee wurde von den Philosophen, die die heiligen Bücher schrieben, nicht richtig verstanden, und das verursachte ein Durcheinander. Die Liebe der Urkraft zu Ihnen ist keine gefühlsmäßige Liebe, wie sie vielleicht ein lieber Onkel zu seiner Nichte hat oder eine Mutter zu ihrem Kind. Es ist eine Liebe, die aus der Tatsache wächst, daß die Urkraft *sich selbst* liebt. Und weil sie in Ihnen ist, liebt sie Sie, und der Weg, diese Liebe zu vergrößern, ist *sich selbst* zu lieben. So konzentrieren Sie sich auf die Urkraft, und so kann sie sich in Ihnen ausdehnen. Das ist keine egozentrische, narzistische Liebe, sondern Liebe, die sich aus der Anerkennung aller lebenden Dinge ergibt, und das Wesentlichste dieser lebenden Dinge unter Ihrem unmittelbaren Einfluß sind Sie selbst.

Bedeutet das, daß Sie andere Menschen nicht lieben und ihnen nicht helfen sollen? Nein. Es bedeutet, Sie müssen sich selbst als göttliches Wesen sehen, als die unendliche Lebenskraft, die Sie, so stark, als es Ihnen möglich ist, zum Ausdruck bringen sollen. Natürlich haben wohltätige Werke ihren Platz in der Entwicklung des Menschen, aber sie bedeuten keine besondere Stärkung der Urkraft der Beteiligten. Wenn Sie einen Sack Reis in ein indisches Dorf schicken, dann bringt Ihnen das ein emotionelles Vergnügen, und die Dorfbewohner haben ein physisches Vergnügen beim Essen (falls der Reis jemals ankommt!), aber keiner von Ihnen hat dabei in der Wahrnehmung der Urkraft einen Fortschritt gemacht. Die Urkraft ist jenseits der Negativität und ist nicht Teil der Bedürfnisse der Dorfbewohner und weiß auch nichts von Ihrem emotionellen Vergnügen. Durch Freundlichkeit üben wir Großmut, und die Empfänger fühlen, daß es außerhalb ihres Elends eine Kraft des Guten gibt, aber das ist auch alles. Diese Aktionen bewegen sich außerhalb der unmittelbaren Wahrnehmung der Urkraft; deshalb erweitern sie auch nicht wirklich den individuellen Ausdruck.

Gute Werke sind mehr äußere physische Illusion als innere Realität. Wenn Sie Ihre Aufmerksamkeit auf einen Gott außerhalb von Ihnen lenken, schicken Sie Kraft in die falsche Richtung, und am Ende wird das, was Sie eigentlich sind, schwächer oder ausgelöscht, anstatt sich zu vergrößern. Indem Sie sich selbst lieben und alle Dinge respektieren, kommen Sie zu einem esoterischen Verständnis der Liebe; das gibt Ihnen zusätzlich Kraft und hilft Ihnen zu wachsen.

Der Teil Ihrer Evolution, der am weitesten von Ihrem *wirklichen* Ich entfernt ist, ist Ihr physischer Körper, aber weil Sie in ihm sind, dominiert er. Wenn Sie ihn lieben und für ihn sorgen, sagen Sie damit: »Was ich bin, ist schön und wertvoll. Ich habe Achtung vor dem, was ich bin, und ich weiß, daß jede Sekunde meines Lebens die Ausdehnung der Urkraft bedeutet.« Selbstliebe und Achtung vor Ihrem Körper ist der erste Schritt zu Ihrer Bewußtseinserweiterung.

Die meisten Menschen, die zu einem erweiterten Bewußtsein erwachen, erreichen das durch richtige Ernährung und Gesundheit. Sie schauen auf ihren Körper und fühlen, daß sie ihr Leben und ihre Erfahrungen auf der Erde unter Kontrolle haben. Das ist der erste Schritt zum Verstehen der Liebe der Urkraft. Deshalb ist die körperliche Disziplin die erste Disziplin der Eingeweihten. Nicht weil es irgend jemand interessiert, ob Ihr Körper verkommt oder nicht, sondern weil Sie durch Einstimmen auf ihn die Entfaltung Ihres *Höheren Selbst* erlauben.

Sie achten Ihren Körper, indem Sie seine Funktionen kennenlernen und für ihn sorgen. Der Durchschnittsbürger kümmert sich mehr um seinen Besitz. Er vergiftet seinen Körper, mißbraucht ihn und schließlich nistet sich Krankheit ein. Aber was noch schlimmer ist: Ein ganzes Leben verstreicht, ohne daß er eine wahre, erhöhte Kraft seines Selbst erfahren hat. Er nimmt die Welt durch einen schwerfälligen Körper, laue Gefühle und armseliges Denken wahr, und er sagt: »So ist das Leben eben!« Der Eingeweihte erkennt die Welt vom Standpunkt der Kraft aus. Er sieht alle physischen Ereignisse, aber er sieht auch einige der nichtphysischen Geschehnisse. Seine fünf Sinne können mehr Information aufnehmen. Weil sein Körper durch Disziplin geschult ist, schwingt seine Kraft schneller als die Kraft anderer Körper, und schnelle Vibration ist das ganze Geheimnis des Eingeweihten: mehr nicht.

Die verborgenen Welten der Eingeweihten sind direkt neben Ihnen, sie durchdringen die physische Realität. Wenn Sie wachsen, werden Sie ein Teil von ihnen, und Sie werden erstaunt feststellen, daß sie anders sind, als Sie erwartet haben, denn unsere landläufigen Vorstellungen kommen aus der Beschränkung des menschlichen Verstandes. Wenn Sie einmal in andere Welten eintreten, werden Sie feststellen, daß die Geschwindigkeit oder Quantität der Urkraft, die in diesen Dimensionen zum Ausdruck kommt, ihnen eine elektrisierende Spontaneität verleiht, was unsere Alltagswelt schwerfällig erscheinen läßt. Es obliegt Ihnen, Ihre Energie anzuheben, denn die erhöhte Schwingung der Urkraft kann zu Ihnen nicht herunterkommen. Das ist die Schönheit der Unparteilichkeit der Urkraft, und das ist der Grund, warum die Evolution der Menschheit mit allem Auf und Ab ein so großartiges Erwachen ist. Sie erlaubt dem Menschen, endlich zu begreifen, daß der einzige, der ihm helfen kann, er selbst ist. Hilfe sollte nur so gegeben werden, daß der Empfänger sich dadurch selbst helfen kann, und nicht als Almosen, was tatsächlich den Tag hinauszögert, an dem er die kosmische Einsicht gewinnt, daß er selbst gefordert ist.

Sobald Sie wahre spirituelle Verantwortung akzeptieren, fällt es Ihnen leicht, sich zu lieben, denn Sie begreifen, daß Sie allein alles bestimmen. Wenn Sie Ihre Energie schwächen, zum Beispiel durch zuviel Alkohol, können Sie nicht der Urkraft die Schuld geben, denn jede Unausgeglichenheit, die Sie damit erzielen, ist Teil Ihres Energiemusters, das Sie geschaffen haben.

Wenn zwei Autos zusammenstoßen, hat dieses Ereignis ein metaphysisches Energiemuster. Beide Fahrer brachten sich an diesen Punkt zu dieser Zeit durch ihre eigenen Handlungen, durch ihre Gefühle und ihre emotionelle Ausgeglichenheit oder Unausgeglichenheit: Dieses Ereignis hat eine bestimmte Kraft. Der Zusammenstoß, die Verletzungen, die Zerstörung haben eine vibrierende Schwingung von einer Millionstel Sekunde.

Dasselbe gilt für Ihren Körper und Ihr Leben. Das Ganze hat eine Schwingungsebene, die steigt und fällt, je nach Ihrer Stimmung, Ihrer körperlichen Verfassung und dem Ausmaß, in dem Sie für Energie sorgen. Nehmen wir einmal an, der Mann auf der Straße hat eine durchschnittliche Bandbreite von 18 000 bis 24 000 Schwingungen pro Millionstel Sekunde. Ist die Energie stark, bewegt sie sich um 24 000 herum, ist sie niedrig, könnte sie auf 18 000 Schwingungen fallen.

Innerhalb dieser Bandbreite oder Skala gibt es Millionen und Millionen von Wahrscheinlichkeitsmustern oder Ereignissen, die gleiche Schwingungsfrequenz haben. Positive, inspirierende Ereignisse haben eine höhere Frequenz als einschränkend negative. Ein Picknick im Grünen mit lieben Freunden kann eine Frequenz von 24 000 Schwingungen pro Mikrosekunde haben. Artet ein Picknick jedoch zu einem heftigen Familienstreit aus, dann fällt die Energie aller Beteiligten auf – sagen wir – 18 000 Schwingungen.

Die metaphysische Energie Ihres Lebens bewegt sich dauernd innerhalb der Bandbreite der Energie, die Sie aufrechthalten können, auf und ab.

Wenn daher ein Verkehrsunfall eine metaphysische Schwingungsfrequenz von 18 000 Schwingungen pro Mikrosekunde hat und Ihre Energie sich zwischen 18 000 und 24 000 Schwingungen bewegt, dann folgt daraus, daß ein Verkehrsunfall in Ihrem Schicksalsmuster möglich ist. Es könnte geschehen, aber es wird niemals eintreten, solange Sie Ihre Energie hochhalten.

Lassen Sie einmal Ihre Energie sinken, wird die Möglichkeit eines Unglücks dramatisch steigen. Natürlich ist das keine Frage von Glück, sondern eine Frage Ihrer Energie, ob diese gerade mit der Energie eines Autounfalls übereinstimmt. Wenn Sie sich mit einem Boot auf dem Wasser befinden und Ihre Energie fällt, ist die Möglichkeit für einen Autounfall gleich null, aber Sie könnten eine andere Erfahrung auf niedrigem Energieniveau machen, nämlich, daß ein Hai an Ihrem Fuß knabbert.

Energie drückt sich spontan aus. So ist es schwierig, sicher vorherzusagen, ob jemand ein bestimmtes Ereignis auch wirklich erfahren wird. Aber man kann sagen, daß Ereignisse innerhalb einer bestimmten Reihe ein hohes Wahrscheinlichkeitsmuster besitzen, wenn die fragliche Person sich auf einem ähnlichen Energieniveau bewegt.

Ihr Leben entfaltet sich nach dem Diktat der Energie. Nicht mehr und nicht weniger. Wenn Sie sich einmal daranmachen, sich selbst zu lieben und die Urkraft in Ihnen zu respektieren, bewegt sich das Wellenband Ihrer Energie – und das sind Sie – immer schneller. Steigt es über ca. 30 000 Schwingungen pro Mikrosekunde, ist die Wahrscheinlichkeit, in einen Unfall verwickelt zu werden, gering. Ihre Energie erreicht dann eine Dimension, die positiver ist. Sie werden zehn Minuten zu spät an die Kreuzung kommen, um in den Unfall verwickelt zu werden, oder irgend etwas wird Sie veranlassen, eine andere Strecke zu fahren. Die Spiritualität oder der Vibrationswert in Ihnen führen Sie von negativen Ereignissen weg.

Sie fragen vielleicht, wie das sein kann. Es ist ein Faktor der Energie, er sucht die gleiche Energieebene. Zwei unterschiedliche Energien können nicht Seite an Seite schwingen. Wenn eine Energie von 18 000 Schwingungen pro Mikrosekunde versucht, neben der Energie eines Eingeweihten mit vielleicht 100 000 Zyklen pro Mikrosekunde zu schwingen, dann hat die langsamere Energie die Tendenz, ein wenig schneller zu werden, aber früher oder später zeigt sie sich unfähig mitzuhalten und fällt ab.

Auf Ihrem Gang durchs Leben werden Sie viele Menschen treffen, die auf der Ebene von 18 000 Schwingungen pro Mikrosekunde funktionieren. Sie werden sich von Ihrem Schwingungsniveau anregen lassen, aber sie werden Ihnen nicht lange folgen. Wenn Sie sagen: »Laß uns bei Sonnenaufgang aufstehen und im See schwimmen, und anschließend gibt es einen schönen grünen Salat zum Frühstück«, werden sie zögern, Ausreden finden, und bald hören Sie ihre sich allmählich entfernenden Schritte. So soll es auch sein.

Jeder folgt dem Weg, der für ihn geeignet ist; wir alle müssen die langsamen Energiemuster wirklich durchleben, bevor wir über sie hinausgehen können.

Letztlich werden alle verstehen, wie Energie wirklich wirkt, aber glücklicherweise erwartet keiner von Ihnen, daß Sie herumstehen und auf die anderen warten; und auch das soll so sein. Wenn Ihre Energie höher und höher steigt und Sie sich auf einer Schwingungsebene von vielleicht 100 000 Schwingungen pro Mikrosekunde finden, dann werden Sie zwar noch auf der irdischen Ebene sein, aber Sie gehen doch darüber hinaus, und Ihre Energie schwingt dann so schnell, daß ein flüchtiger Beobachter Sie nicht mehr sieht.

Deshalb gibt es auch die Erzählungen über Eingeweihte, die fähig sind, willentlich zu erscheinen und zu verschwinden. Der Beobachter sieht einen Eingeweihten so lange nicht, bis der Eingeweihte sich, durch einen Akt des Bewußtseins, auf den Beobachter konzentriert. So würde ein Eingeweihter an der Kreuzung von den Fahrern bei dem Unfall nicht gesehen werden. Aber wenn er dann über die Straße geht und ihre Verletzungen versorgt, würden sie ihn sehen. Auf was immer Sie sich, kraft Ihres Geistes, konzentrieren, in dieser Dimension sind Sie auch. Wenn Sie Ihren Körper lieben und sich auf die Urkraft in ihm einstellen, so zieht diese Konzentration Ihre Energie allmählich weg von der irdischen Ebene. Dies ist so, weil Sie dann über die physischen, emotionellen und intellektuellen Dimensionen hinausgehen, hinaus über den Durchschnittsbürger, der nicht fähig ist, in allen Dingen Schönheit zu sehen, Verantwortung für sein Leben zu übernehmen und der dann dazu neigt, anderen die Schuld für seine Lebensumstände zu geben.

Um Ihr Anerkennen und Ihre Liebe zur Urkraft auszudehnen, müssen Sie diese Liebe und Achtung auf andere ausdehnen. Indem Sie sie im spirituellen Sinne achten, erlauben Sie jedem, seine eigene spirituelle Erfüllung zu finden, ohne daß Sie sich in sein Leben einmischen – genauso wie die Führer und höheren Mächte Sie achten und Ihnen erlauben, sich über das hinauszuentwickeln, was Sie vorher waren. Wenn der Eingeweihte an der Kreuzung aufspringen und versuchen würde, den Unfall zu verhindern, würde er sich einmischen und möglicherweise selbst verletzen. So bleibt er zur Seite, der gütige Beobachter. Sobald der Zusammenstoß vorbei ist und die Fahrer einen weiteren Aspekt ihres »Wachstumsprozesses« erfahren haben, tritt der Eingeweihte vor und hilft denen, die um Hilfe rufen. Während er die Wunden verbindet, spüren die Fahrer momentan sein höheres Energiemuster, und so wächst nach und nach ihre Wahrnehmung. Wenn jedoch der Eingeweihte versucht, den Fahrern sein Wissen aufzudrängen, würde er nur sich selbst ausbrennen und sein Verstehen behindern.

Die Energie der unbeteiligten Beobachtung ist so machtvoll, und wenn Sie sie mit der Fähigkeit des Nicht-Urteilen verbinden, werden Sie augenblicklich an Stärke gewinnen. Aber vielen Menschen, und allen voran denjenigen von uns, die in der westlichen Tradition großgeworden sind, fällt das sehr schwer, denn die jüdisch-christliche Ethik gründet darauf, hinaus in die Welt zu gehen und andere Menschen zu bekehren, sie zu ernähren, sie mit einem geordneten Glaubenssystem als eine Art spirituellem Gerüst zu umgeben. Das geht gut mit Seelen, die in ihren ersten Inkarnationen leben; es gibt ihnen Zeit, sich selbst zu verstehen. Das ist auch der Grund, weshalb dogmatische Religionen in armen Ländern, deren Bewohner ihre ersten Lebenszyklen auf der Erde verbringen, so erfolgreich sind, denn eine feste Struktur ist genau das, was sie brauchen. Aber wenn sich die Menschen allmählich spirituell verfeinern, nehmen sie andere Glaubensmuster an, die ihre spirituelle Individualität jenseits aller Kirchen, Dogmen, Strukturen und Formen betonen. Sie haben das Bedürfnis nach Freiheit, denn sie sind bereit, die Erde für immer zu verlassen, und sie haben die Beschränkungen schon hinter sich gelassen. Sie sind frei.

Vor 2000 Jahren, als die Geschichte der christlichen Kirchen begann, sah es mit der Freiheit anders aus. In ihren frühen Jahren kam die Kirche unter großen Druck, und eine Zeitlang sah es so aus, als würde sie ganz verschwinden – sie brauchte dringend Unterstützung. Die Herrscher und Adeligen dieser Zeit waren entweder Römer oder Leute, die finanziell unter Roms Einfluß standen, und sie neigten dazu, der römischen Mithra-Religion oder anderen religiösen Kulten zu folgen. Führer der Gesellschaft wollten nicht vom Status quo abweichen, um sich auf die Seite einer radikal neuen Religion zu stellen, die ihre Lebensform und ihre Stellung in der römischen Gesellschaft gefährdet hätte. Und so war die Kirche gezwungen, ihre Anhänger unter den Ausgestoßenen, den Armen und in den unteren Schichten zu suchen. Deshalb ist die Hauptfigur in der Geschichte vom guten Samariter auch ein Heide und kein Jude oder Römer. Die Botschaft der Kirche lautet: Auch wenn du nicht zur Oberschicht gehörst, ist die Kraft Gottes mit dir; sie achtet nicht auf Stellung oder Status, in den Augen Gottes sind alle Menschen gleich. Das ist natürlich richtig, denn die Urkraft kann nicht mehr sein als sie selbst, und da sie in jedem ist, macht sie uns alle gleich.

In jenen Tagen gab es keine Werbung und wenig Geschriebenes. Die einzige Möglichkeit, Überzeugungen zu verbreiten, war das gesprochene Wort. Das war harte Arbeit. Man mußte die Menschen dazu bewegen, an Versammlungen teilzunehmen, und man mußte sie bei Tageslicht dorthin bringen, zu einer Zeit, wenn die meisten ihre Herden versorgten oder mit all dem beschäftigt waren, womit man in biblischen Zeiten seine Tage verbrachte. Die Prediger standen vor einem doppelten Problem. Sie fanden die geschickte Lösung, ihnen zu essen zu geben, und brachten sie so zu den Versammlungen. Wer hungert, hat keine Zeit für Philosophie, aber wenn man ihren Hunger stillt, werden sie aufnahmebereit. Das funktionierte gut, die Teilnehmerzahlen bewiesen das, und deshalb finden wir Erzählungen wie die von der Speisung der Fünftausend mit Broten und Fischen und andere mehr. Als diese Strategien verfeinert wurden, gehörten Lebensmittelspenden oder andere Wohltätigkeitseinrichtungen bald zum festen Bestandteil der Öffentlichkeitsarbeit, ganz so, wie ein Verkaufsleiter heute seinem Verkaufsstab ein strukturiertes Verkaufskonzept und Bons für die Leistung gibt. Das Wesentliche dabei war, daß es funktionierte und die Kirche davon profitierte. Und so wurde das Spenden von Nahrung – symbolisch oder wörtlich – Bestandteil vieler christlicher Zeremonien. Deswegen wurzelt tief in unserer Psyche die Auffassung, daß es unsere Pflicht sei, die Armen und Ausgestoßenen zu versammeln und sie zu speisen, obwohl es nicht die ursprüngliche Absicht war, daß wir die Lasten der Welt auf uns nehmen, vielmehr nutzte die Kirche dieses Konzept, ihre Versammlungen damit zu vermarkten.

Das bedeutet nicht, die Nöte anderer Menschen zu ignorieren, aber es sollte eine spirituelle Reinheit im Umgang mit der Welt vorhanden sein. Alles, was Sie haben und alles, was Sie sind, bekommen Sie von der Urkraft als kurzfristige Leihgabe. Wenn Sie also jemand um etwas bittet, dann geben Sie es ihm, denn sonst würden Sie Ihre Fähigkeit verleugnen, aus der Sie umgebenden Fülle zu schöpfen. Aber hinauszugehen und sich mit planloser Wohltätigkeit in das Leben anderer Menschen einzumischen, ist auch eine Verleugnung der Urkraft, denn damit erlauben Sie den anderen nicht, die Fülle der Urkraft selbst zu erfahren.

Einige dieser Gedanken sind am Anfang schwierig zu verstehen, weil sie Sie von der Norm und von dem Denken der Masse entfernen, aber spirituelles Wachstum bedeutet immer, gegen den Strom zu schwimmen. Diese Philosophie ist nicht für jedermann, sie ist ein Weg der Kraft für diejenigen, die, jenseits der körperlichen Existenz, zu einer ganz anderen Ausrichtung schreiten wollen. Ein taoistischer Weiser beobachtet die Welt mit leidenschaftsloser Ruhe. Wenn jemand gute Taten vollbringt, dann lobt er nicht, das Böse verdammt er nicht, denn er erlaubt jedem ohne Einmischung, seine eigenen Erfahrungen zu machen. Durch Nicht-Beurteilen lieben Sie die Urkraft in Ihnen und lieben sie in anderen und haben damit die Macht, über alle Gefühle hinauszugehen und jeden sich selbst zu überlassen.

Vielleicht halten Sie das für gefühllos. Haben wir nicht die Pflicht, anderen zu helfen, ihre Wunden zu verbinden, ihnen Nahrung zu geben und so fort? Wenn

Sie das so empfinden, dann sei es so. Im Universellen Geist gibt es kein Richtig oder Falsch. Wohltätigkeit gilt nur für das Physische, und wenn Sie sich zu sehr in die Angelegenheiten anderer Menschen verwickeln, dann verdammen Sie sich zu einem Wahrscheinlichkeitsmuster, das unter Ihrem vollen Potential liegt. Wichtig ist, daß nicht eine mißverstandene Vorstellung Ihrer Pflichten Sie zurückhält. Viele Menschen kommen in ihrer metaphysischen Entwicklung nicht voran, weil sie etwas anderes, sei es die Kirche, der Staat oder die Familie, wichtiger nehmen als ihre eigene Entwicklung. Damit verneinen sie aber die Urkraft in sich selbst, denn damit sagen sie: »Ich bin wertlos. Diese Kirche, dieser Staat, diese Sache ist wichtiger als ich.« Das ist nicht Ihr bester Weg.

Als Geburtsrecht besitzen Sie ein grenzenloses Potential, und nichts soll Ihnen im Weg stehen. Sie haben sich hier inkarniert, um sich selbst zu verstehen, und dazu gehört, daß Sie lernen, mit anderen zusammenzusein, mit Ihrer Familie und allen, die Sie lieben, aber letztlich kommt es auf Sie selbst an. Für das Wachstum anderer sind Sie nicht verantwortlich. Sie haben Verantwortung für die Urkraft in sich selbst und können für die Welt nicht mehr tun, als sich darauf zu konzentrieren. Wenn auch Ihr Beitrag nicht sichtbar ist: Auf einer inneren Ebene wird er zu einer großen Kraft.

Wenn Ihr Ausdruck der Urkraft intensiver ist als der von jemand anderem, dann wird seine Energie durch Ihre Anwesenheit verstärkt. Das ist, was man mit »Gnade Gottes« bezeichnet – die innere Schwingung. Sie ist eine Kraft und hat eine Kräfte-Skala, und obwohl wir sie nicht messen können, bewegt sie sich zwischen hoch und tief. Jeder, mit dem Sie zu tun gehabt haben oder an dem Sie vorbeigegangen sind, hat von dieser Energie profitiert, sofern Ihre Energie hoch und sie der Reinheit der Urkraft geweiht war. Sie werden nie erfahren, wie Ihre Kraft für andere gewirkt hat. Geben Sie ihr einfach starken Ausdruck, und sie begleitet und beschützt Sie. Ihre Hingabe umgibt Sie mit einem geheimen Zauber, und diese Energie vermischt sich mit anderen. Das ist Ihr Geschenk an die Menschheit. Die Menschen werden Reis verschicken. Dessen können Sie sicher sein. Aber Ihr Geschenk ist größer, es ist still und unsichtbar. Es wird Ihnen kaum jemand danken, so wie wir selten der Sonne danken für ihr Scheinen auf uns.

Das Nicht-Urteilen ist deshalb Ihre Affirmation, daß die Welt schön ist, daß alles Wachstum bedeutet und daß Sie sich über all das hinaus entwickeln. Es löst Sie langsam vom irdischen Dasein, und in diesem Prozeß spüren Sie den Wunsch, alle inneren Konflikte mit sich und anderen aufzulösen. Wenn Sie sehen, daß Sie eine schwierige Situation mit einem anderen Menschen nicht glätten können, dann entfernen Sie sich und lassen den anderen so sein wie er ist, denn so ist es in Ordnung zu dieser Zeit und an diesem Ort in seiner unendlichen Entwicklung. Das Urgesetz ist Urkraft in Bewegung. Es erwartet von Ihnen nicht, daß Sie unter einer Beziehung leiden, die Ihnen kein Wachstum erlaubt. Tatsächlich wünscht es auf seine leidenschaftslose Art Ihre Freiheit, denn durch Entwirren der Knoten bereinigen Sie den Weg für das Fließen von mehr Energie von Ihrem *Höheren Selbst*. Andere werden durch den spirituellen Wert in Ihnen angezogen und nicht durch das, was Sie von sich behaupten. Indem Sie langsam lernen, sich ohne Urteile und ohne Konflikte zu entwickeln, drücken Sie die Urkraft am stärksten aus, und das hilft Ihnen zu wachsen.

Wenn Sie anfangen, die Urkraft in sich zu steigern, müssen Sie Ihre Energie immer wieder gewissenhaft reinigen. Das heißt, dafür zu sorgen, Gefühle loszulassen und sich vor einem Anwachsen negativer Energie zu schützen. Wenn Sie sich auf das Leben konzentrieren, verstärken Sie allmählich Ihre Denkmuster. Vielleicht möchten Sie Ihre gewohnten Lebensumstände ändern, um mehr Ausgeglichenheit zu finden. Tun Sie es. Durch diese Veränderung werden Sie merken, wie Ihre Kreativität fließt, und das Neue um Sie herum erschafft mehr Möglichkeiten. Viele Menschen sitzen herum und warten, daß die Welt sie entdeckt, und das geschieht selten. Wenn Sie auf Ihre Ziele mit all Ihrer Kraft zugehen, wird eine passende Gelegenheit als Ergebnis Ihres Einsatzes auf Sie zukommen. Denn ein Fortbewegen mit Ihrer Energie und mit dem Wissen und Glauben, daß Ihr *Höheres Selbst* mit Ihnen ist, wird Sie zur richtigen Zeit an den richtigen Ort bringen. Aber tun Sie den ersten Schritt und sorgen Sie ständig dafür, Ihr Leben zu reinigen und zu überschauen; gehen Sie weg von schlechten Gewohnheiten in die Festung des Lichts. Disziplin steht auf Ihrem Banner.

Die Urkraft ist da, sie ist bereit, wartet und ist neutral. Wenn Sie vorbereitet sind, höhere Macht anzunehmen, werden Sie in einen außergewöhnlichen Bewußtseinszustand eintreten, und das wird eine Herausforderung für Sie sein, denn dieser Zustand liegt immer jenseits dessen, wo Sie jetzt sind, und er bewegt sich immer schneller und schneller.

6

Das höchste erreichbare Ziel Ihres Lebens

Lassen Sie uns zusammenfassen: Sie sind nicht Ihr Körper, Ihre Gefühle oder Ihr Intellekt. Sie sind die unendliche, grenzenlose Energie Ihres *Höheren Selbst*, die für kurze Zeit hier auf Erden ist, um *in* Ihrem Körper Evolution zu erfahren. Sie und die Urkraft sind eins, und je mehr Sie sich mit Ihrem positiven, grenzenlosen und reinen Selbst verbinden, desto stärker können Sie die Urkraft ausdrücken. Indem Sie ihre Energie in sich entwickeln, lernen Sie, mit einer unendlichen Wissensquelle zu kommunizieren. Das erlaubt Ihnen eine Beschleunigung Ihres spirituellen Wachstums, weil Sie Zugang bekommen zu Informationen aus der Vergangenheit, der Gegenwart und der Zukunft. Dieses Wissen wartet darauf, von Ihnen genutzt zu werden, und persönliche Ausgewogenheit ist der Schlüssel dazu. Durch sie öffnen Sie in sich eine Tür, durch die Sie andere Welten wahrnehmen können, und diese Wahrnehmung ist für Ihre Reise oder Suche ganz entscheidend.

Bevor Sie sich in Ihrem jetzigen Körper inkarniert haben, hatte Ihr *Höheres Selbst* die Möglichkeit, die Situation zu überblicken, die es erleben würde, und es nahm Ihre Lebensumstände als Teil seines *erhabenen* Ziels an. Es wußte, daß die Meisterung dieser Existenz es ihm ermöglichen würde, die Urkraft noch intensiver ausdrücken zu können.

Ihr *Höheres Selbst* ist mit einer Energie verbunden, die dafür verantwortlich ist, Ihnen in Ihrer Entwicklung beizustehen. Wir nennen diese Energie den *geistigen Führer*. Das ist eine geistige Wesenheit, die ihre Leben als Mensch auf der Erde schon vollendet hat und jetzt die spirituelle Entwicklung als Helfer fortsetzt, indem sie Energie auf die irdische Ebene gibt. Weil Ihre Weiterentwicklung und die Ihres Führers unlösbar miteinander verbunden sind, hat er Interesse an Ihrem Vorankommen. Oft ist Ihr Führer jemand, mit dem Sie ein vergangenes Leben verbracht haben, jemand, der mit Ihrer Energie und Ihren Bedürfnissen vertraut ist. Es ist die Aufgabe Ihres Führers, Ihnen Energie oder Inspiration zur größtmöglichen Entfaltung in dieser Existenz zu geben, so daß Sie das höchste Ziel Ihres Lebens erreichen.

Dieses Ziel kennen nur Sie, Ihr geistiger Führer und Ihr *Höheres Selbst*. Wenn Sie jung sind, liegt es wahrscheinlich noch vor Ihnen, sind Sie alt, haben Sie wohl schon einen großen Teil hinter sich gebracht, aber es ist immer Zeit zum Verfeinern Ihrer selbst; denn eines Tages wird alles in einem Crescendo der Energie zusammengeführt wenn Sie, schließlich, die Erde für immer verlassen werden, um höhere Formen der Existenz in anderen Dimensionen zu erfahren.

Wie finden Sie die Essenz Ihres Lebensziels? Gewöhnlich geht es eher darum, etwas, das in Ihnen liegt, zu erlösen, als um einen Auftrag zur Rettung der Welt. Es geht um Konfrontieren und Überwinden gerade der Dinge, bei denen es Ihnen am schwersten fällt, sie anzusehen und sich damit zu befassen. Das können Probleme und Widerwärtigkeiten mit Geld sein, mangelnde Selbstliebe oder es mag Ihnen auch über mehrere

Inkarnationen hinweg nicht gelungen sein, ein natürliches Verhältnis zur Sexualität zu finden. Dann sind Sie hier, um Körperlichkeit, vielleicht Mutterschaft, zu erfahren. Vielleicht sollen Sie lernen, sich mit Ihrem Körper zu befassen, ohne Mißbrauch und ohne Schuldgefühl.

Manchmal hat Ihr Lebensziel auch mit einem anderen Menschen zu tun. Mag sein, Sie sind hier, um einen Konflikt mit jemandem zu lösen, der sich schon über mehrere Leben hinzieht. Jetzt sind Sie vielleicht Mutter und Sohn, Bruder und Schwester oder Mann und Frau. Diesmal sind Sie hier, um mit diesem Menschen und anderen Familienmitgliedern ins reine zu kommen. Denken Sie immer daran, daß – sobald Sie sich metaphysisch nach oben heben – es Ihnen nicht erlaubt ist, sich bei anderen einzumischen. Sie sollten jedem gestatten, sich in seinem oder ihrem Tempo zu entwikkeln und eigene Entscheidungen zu treffen.

Wenn Sie mit jemand eine schwierige Beziehung haben, können Sie sicher sein, daß genau dies ein Teil Ihres Lebensziels ist; Sie sollen lernen, damit fair und liebevoll umzugehen und die Konflikte auf bestmögliche Weise beizulegen; Sie sollen dem anderen erlauben, sein höchstes Wachstum zu erreichen, ohne sich selbst einzuschränken. Vielleicht sind Sie in der schwierigen Situation, einen geistig Behinderten betreuen zu müssen oder ein geistiges Wesen, das sich einen behinderten Körper gewählt hat und Ihre Unterstützung braucht; oder jemand aus Ihrer Familie braucht finanzielle Hilfe. Diesem Menschen zu helfen, wird dann den größten Teil Ihres Lebensziels ausmachen. Es gibt einen spirituellen Grund, warum Sie sich in dieser Situation befinden; wenn Sie ihn akzeptieren und mit

Liebe und Hingabe daran arbeiten, wird sich diese Situation irgendwie ändern; im Überwinden Ihrer Schwierigkeiten werden Sie Freiheit gewinnen. Sie werden die ganze Schönheit Ihres inneren Selbst erleben als ein Geist, eine Kraft, bereit weiterzugehen, um eine neue und lichtvollere Aufgabe zu übernehmen.

Lebensziel einiger Menschen ist das Streben nach schöpferischem Ausdruck, vielleicht als Künstler, im Geschäftsleben, in der Natur oder in irgendeinem Bereich, in dem Sie sich kreativ herausfordern. Sie sind hier zu lernen, Ihre innere schöpferische Energie aufs höchste zu entfalten, ohne dabei Ausgewogenheit zu mißachten. Deshalb fangen sie an zu malen, zu schreiben, zu komponieren oder sich sonstwie auszudrükken, dabei sorgen Sie aber dafür, daß Sie Ihr Leben in Ordnung halten. Es ist sinnlos, der »große Meister« zu sein, aber mit zweiunddreißig Jahren als Trinker zu sterben und ein finanzielles Chaos zu hinterlassen.

Sie müssen Ihre Kreativität ausgleichen und ins Lot mit Ihren anderen Lebensbereichen bringen; Sie müssen sich nicht bei anderen einmischen oder sie zwingen, Ihre Unfähigkeit bei Behandlung der einfachsten Dinge aufzufangen. Wenn Ihre Kreativität Sie gerade nicht ernährt, dann reduzieren Sie Ihre Verpflichtungen auf ein Minimum und verbinden Sie sie mit Bemühung auf einem anderen Gebiet, das Ihnen zu finanzieller Stabilität verhilft, während Sie sich in Ihrer Kunstfertigkeit weiter verbessern und Anerkennung finden.

Das Lebensziel vieler Menschen schließt den Umgang mit ihrem Körper ein. Sie schaffen sich oder erben ein körperliches Problem und lernen, damit umzugehen. Wenn Sie davon betroffen sind, ist der Bereich des Körpers, der Schwierigkeiten macht, auch der schwache Punkt im spirituellen Selbst. Wenn Sie diesen Punkt herausgefunden und unter Kontrolle gebracht haben, können Sie ihn hinter sich lassen, denn er zwingt Sie zu einer Konzentration auf sich selbst. Dabei beobachten Sie sich und staunen, und durch dieses Erstaunen gewinnen Sie ein Verständnis der Energie, und Sie sehen, daß ihr Mißbrauch Sie aus dem Gleichgewicht wirft, und dieses Verständnis wiederum hilft Ihnen, über die irdische Ebene hinauszugehen.

Schwäche in Ihrem spirituellen Selbst zeigt sich oft in verschiedenen Formen von emotionellen Energien, die schließlich als körperliche Probleme auftauchen. Durch Beobachtung Ihres Körpers lernen Sie ihr inneres Selbst kennen. Es ist ein wenig, als würden Sie ein Buch aus dem Hebräischen ins Griechische übersetzen, dann ins Lateinische und schließlich ins Deutsche. Mit jeder Übersetzung verliert es ein wenig, aber der Kern bleibt erhalten. Wenn Sie an Ihrem körperlichen Selbst arbeiten, dann fangen Sie an, sich mit den emotionellen Problemen zu beschäftigen, die Ihrem Körper Unbehagen bereiten, und allmählich bringen Sie das wieder in Ordnung und stärken damit auch Ihr geistiges Selbst.

Wenn Sie das fertiggebracht haben, sind Sie entweder geheilt, oder Sie verlassen die physische Ebene, aber dann als eine vollkommene Einheit, als eine spirituelle Kraft, die zum Wohl des ganzen Universums wirken kann, indem sie andere Menschen auf ihrem Weg unterstützt. Niemand kann wirklich das Wunder Ihres Selbst erklären, das Sie erwartet. Sie müssen es durch Ihr eigenes Bemühen erfahren. Alles, was Sie mit Hingabe und Liebe für das Selbst tun, wird auf einer inneren Ebene sofort belohnt, und diesen Lohn spüren Sie sowohl in diesem als auch im kommenden Leben.

Um starkes spirituelles Wachstum zu erreichen, müssen Sie Ihren Verstand unter Kontrolle bringen, sonst wird er Sie mit seiner Verständigkeit austricksen, so daß Sie weniger als das Beste erhalten. Er tut dies, um nicht das Ziel Ihres Lebens vor Augen zu haben, denn das ist ihm unbequem. So wie er ist, will er Sie dauernd auf den Weg der Disziplinlosigkeit ziehen, da er weiß, wenn Sie in Schwäche versinken, hat er die Kontrolle.

Ihr Ziel ist es deshalb, sich auf Ihre Stärken zu konzentrieren, an sich zu glauben, sich zu lieben, sich nicht in das Leben anderer einzumischen und durch all das hindurchzugehen, womit Sie die größten Schwierigkeiten haben. Akzeptieren Sie das, ist die halbe Schlacht gewonnen, und übernehmen Sie Verantwortung für sich, bedeutet das den Sieg. Wenn Sie dastehen können, Ihr Leben fest im Griff, und sagen: »Urkraft, all meine Führer, *Höheres Selbst*, ich übernehme volle Verantwortung für mein Leben, und ich arbeite an den Dingen, die mir nicht gefallen«, dann haben Sie damit einen Zustand kosmischer Reife erreicht; die Ereignisse um Sie werden zu Symbolen dessen, was Sie sind, und die Urkraft unterstützt Sie, weil Sie sich, metaphysisch gesehen, nicht an andere anlehnen. Mit dieser einfachen Verpflichtung gehören Sie zu einer Elite. Sobald Sie einmal den Schutt beiseite geräumt haben, der sich über Jahre angesammelt hat, sind Sie in der Lage, die Energie der Urkraft in die Neue Welt zu tragen, die allmählich von den wenigen geschaffen wird, die wissen, wo die Bestimmung der Menschheit wirklich liegt.

Was ist deshalb Ihr Geschenk an die Menschheit? Daß Sie sich mit all Ihrer Schönheit und Stärke zum Ausdruck bringen – wissend um ewige Kraft. Ein Spatz ist voller Schönheit, weil er die Urkraft auf natürliche

Weise ausdrückt. Sein absolutes Sein und sein Vogel-Wesen gibt ihm diese Ausstrahlung. Aber was ist er denn eigentlich? Ein Spatz ist nicht mehr als ein kleines Häufchen Knochen und Federn, zwei Beinchen wie Zahnstocher und ein kleines »Zwitt« als Stimme, aber er gibt Freude, ohne es zu wissen. Der Grund dafür ist, daß seine Kraft nicht durch Verstand und Gefühle überdeckt ist. Sie ist rein, ein spontanes Beispiel für den Fluß der Lebenskraft.

Stellen Sie sich vor, welches Potential Sie hätten, die Urkraft auszudrücken, wenn Sie die ungetrübte Reinheit eines kleinen Vogels erlangen könnten. Wie groß wäre Ihre Kraft, Freude und Anregung zu geben? Sie wäre unermeßlich, nicht wahr? Durch Ihre Anstrengung könnten andere sich wieder aufrichten, denn sie würden sehen, daß mitten im Durcheinander und Chaos ein Vogel singt. Also gab es da eine Kraft und einen Weg heraus aus dem Morast. Sie könnten Sie sehen, gerade ein Stück vor ihnen auf dem Weg, und sie würden sagen, wenn er oder sie es kann, so kann ich es auch.

Das ist Ihr Geschenk. Ihr klares Selbst, das Sie ausdrücken: Ihr Lächeln, die Art, wie Sie gehen, die Dinge, die Sie tun, die Art, wie Sie Ihr Auto lenken oder mit Ihren Kindern umgehen, Ihre tägliche Zuwendung zu denen, die um Sie sind. Das ist Ihr Geschenk. Im Laufe Ihrer spirituellen Weiterentwicklung werden Menschen zu Ihnen kommen, denn die Urkraft weiß, wie sie ihre Helfer richtig einsetzt. Sie wird Ihnen erlauben, durch den inneren Wert Ihrer spirituellen Energie weiterzuschreiten und sogar noch heller zu strahlen. Und Sie werden mehr und mehr verstehen, daß das, was Sie sind, Gott ist.

Es gibt nichts, was Sie nicht tun können. Es gibt

keine wirklichen Grenzen Ihrer Fähigkeiten. Es ist Ihr Erbe, eine Kraft zu Ihrem Besten auszudrücken und weiter zum Besten anderer; und durch das leise Zum-Ausdruck-Bringen dieser Kraft machen Sie ein Wiedererwachen möglich – eine Renaissance.

Die Menschheit hat einen lang-vergessenen Traum. Es ist der Traum von einer Zeit, in der Reinheit des Geistes die Erde regierte, in der Liebe die Menschheit wirklich stützte, in der der Mensch Zeit hatte, sich nach seinem Wunsch zu entwicklen – eine Zeit, in der die Einzigartigkeit des Selbst verehrt wurde – eine Zeit, in der es keine Regierungen, keine Religionen, keine Regeln und Vorschriften gab, denn jeder verstand seine Verantwortung anderen gegenüber, und es gab keine Einmischung, kein Massendenken und keine erzwungene Gleichförmigkeit. Da gab es spontane Erleuchtung und instinktive Kreativität, und Sie hörten das Lachen von Menschen, die Spaß hatten.

Durch Ihr Wissen und Ihre Kraft wird diese Zeit wiederkommen. Nicht für die gesamte Menschheit, aber für Sie und für diejenigen, die sich hingezogen fühlen zu Menschen wie Sie, die der Kraft Ausdruck geben. Denn in den dunkelsten Zeiten sorgt die Urkraft für einen Funken Licht, und dieses Licht wird von wenigen getragen, und später geht es weiter zu anderen.

Ihr Erbe, Ihr erhabenes Lebensziel ist es, an sich zu arbeiten bis zu dem Augenblick, da die Urkraft Ihnen das Recht gibt, ihr Licht weiterzutragen. Und nach einer Weile werden Sie sich das Recht verdienen, zu anderem überzugehen. Sie werden auf die Welt zurückschauen, und Sie werden hören, wie ein lustiges Häufchen Knochen mit Zahnstocher-Beinchen »Zwitt« macht, irgendwo wird ein Mensch lachen in einer

Atmosphäre vollkommener Stille, und Sie können sich sagen: »Ich habe geholfen, das zu erschaffen.«

Und Sie werden wissen, was das ist, das »Goldene Zeitalter«.

Der Autor

Unternehmer, Autor und Bewußtseinstrainer Stuart Wilde gehört zu den richtungsweisenden Persönlichkeiten des Human Potential Movement. Er hat sechs Bücher geschrieben, darunter die Bestseller «Miracles» (*Wunder – Die Anleitung*), «The Force» (*Die Kraft ohne Grenze*) und «Life was never meant to be a Struggle» (*Leben war nie als Kampf gedacht ...*).
Das allen gemeinsame Thema ist *personal empowerment* – die Zurückgewinnung jener Macht, die wir als Individuen uns haben nehmen lassen, abgegeben haben an Institutionen, Staat, Gesellschaft. Das Spannende ist, daß Stuart Wilde dieses Thema aus der Sicht des Neuen Bewußtseins behandelt – Variationen um die Energie, die wir sind.
Stuart Wilde, in England geboren, Sohn einer Sizilianerin und eines britischen Diplomaten, wuchs in einer Reihe verschiedenartiger Kulturen auf. Dazu zählen Jahre der Kindheit in Hamburg und Bonn. Zwölf Jahre lang widmete er sich der Ausbildung in esoterischen Traditionen des europäischen und östlichen Mystizismus. Seine eigene Suche nach lebendigem Wissen führte ihn zu Meistern und magischen Plätzen überall auf der Erde.
Er entwickelte das mehrtägige Intensiv-Training «The Warrior's Wisdom» (Die Weisheit des spirituellen Kriegers), das heute als eines der besten und ungewöhnlichsten Motivationsseminare gilt und jedes Jahr in Taos, New Mexico, USA, abgehalten wird.

Stuart Wilde lebt mit seiner Frau Robyne und Sohn Sebastian in Sydney, Australien.

Stuart Wilde

»WUNDER«

Eine Anleitung in sieben Schritten
48 Seiten, kart., 4. Auflage
ISBN 3-85914-511-8

»Wunder stehen nicht im Widerspruch zur Natur, sondern im Widerspruch zu unserem Wissen von der Natur«
Augustinus

Lebenskampf ist ein Begriff, der uns nicht nur durch Erziehung, sondern auch durch das tägliche Leben, voll von vorgekauten Geboten, falschen Weisheiten, überlieferten Vorschriften, verknöcherter Bürokratie usw. wie ein Raster aufgedrängt wird.

Stuart Wilde zeigt, wie unsinnig diese Auffassung ist. Mit drastischen, humorvollen Beispielen führt er uns zu neuen Erkenntnissen unserer selbst und der Welt, wie sie wirklich ist.

ISBN 3-85914-510-X